Contes de fées manx

Sophie Morrison

Writat

Cette édition parue en 2024

ISBN : 9789359942469

Publié par
Writat
email : info@writat.com

Selon les informations que nous détenons, ce livre est dans le domaine public. Ce livre est la reproduction d'un ouvrage historique important. Alpha Editions utilise la meilleure technologie pour reproduire un travail historique de la même manière qu'il a été publié pour la première fois afin de préserver son caractère original. Toute marque ou numéro vu est laissé intentionnellement pour préserver sa vraie forme.

Contenu

PRÉFACE

Il y a au moins un endroit dans le monde où l'on croit encore aux Fées et où, si vous regardez aux bons endroits, on peut encore les trouver, et c'est la petite île d'où viennent ces histoires - Ellan Vannin, l'Île de Mann. Mais j'ai utilisé un mot qui ne devrait pas être mentionné ici : les Manx ne les appellent jamais fées, mais eux-mêmes, ou les petits gens, ou les petits camarades, ou les petits, ou parfois même les petits garçons. Ces Petits Peuples ne sont pas les minuscules créatures ailées qui flottent dans de nombreux contes de fées anglais, mais ce sont de petites personnes mesurant deux à trois pieds de haut, par ailleurs très semblables aux mortels. Ils portent des casquettes rouges et des vestes vertes et sont très friands de chasse. En effet, on les voit le plus souvent à cheval suivis de meutes de petits chiens de toutes les couleurs de l'arc-en-ciel. Ils sont plutôt enclins à être espiègles et méchants, et c'est pourquoi on les appelle de si bons noms, au cas où ils devraient écouter !

Outre ces Petits Bonhommes à tête rouge, il existe d'autres gens plus inquiétants. Il y a le Fynoderee, qui est grand, laid, poilu et extrêmement fort, mais pas si mauvais qu'il en a l'air, car il aide souvent à la ferme pendant la nuit en battant le maïs. Il n'aime pas être vu, donc si un agriculteur veut qu'il fasse du travail, il doit veiller à rester à l'écart du Fynoderee. Ensuite, bien plus laids que Fynoderee, ce sont les Bugganes, qui sont des créatures horribles et cruelles. Ils peuvent apparaître sous n'importe quelle forme : comme des ogres avec d'énormes têtes et de grands yeux de feu, ou sans tête du tout ; comme de petits chiens qui grandissent de plus en plus à mesure que vous les observez jusqu'à devenir plus grands que des éléphants, quand peut-être ils prennent la forme d'hommes ou disparaissent dans le néant ; comme des monstres à cornes ou tout ce qu'ils choisissent. Chaque Buggane a sa propre demeure particulière : une sombre grotte marine, une colline isolée ou un Keeill ou une église en ruine. Il y en a bien d'autres aussi, mais voici les principaux.

La plupart des histoires sont traditionnelles et ont été transmises de bouche à oreille de père en fils. Je dois de chaleureux remerciements à ceux de la bouche desquels je les ai entendus : MM. JR Moore, William Cashen, Joe Moore, Ned Quayle et d'autres. Des quatre histoires qui ne m'ont pas été racontées personnellement – Teeval, Kitterland, Le Palais du Sorcier et Smereree – les trois premières ont été imprimées dans divers livres folkloriques, et le manx de la dernière est apparu dans « Yn Lioar Manninagh ». Quelques années auparavant. Enfin, je dois remercier mon amie Miss Alice Williams pour son aimable aide et son aide précieuse à bien des égards.

SOPHIA MORRISON.

PEEL, ÎLE DE MANN ,
octobre 1911 .

- 2 -

EUX-MÊMES

je

Il y avait un jour un homme sur l'île de Mann qui rencontra l'un des Petits Compagnons, et le Petit Compagnon lui dit que s'il allait au London Bridge et creusait, il trouverait une fortune. Il partit donc et, arrivé là, il commença à creuser, et un autre homme vint vers lui et lui dit :

'Que fais-tu?'

"L'un d'eux m'a dit de venir à London Bridge et que je gagnerais une fortune", dit-il. Et l'autre homme dit :

« J'ai rêvé que j'étais de retour sur la petite île et que j'étais dans une maison avec un arbre épineux près de la cheminée, et si je creusais là-bas, je trouverais une fortune. Mais je n'irais pas, car ce n'était qu'une bêtise.

Puis il lui parla si clairement de la maison que le premier homme comprit que c'était la sienne et retourna donc sur l'île. En rentrant chez lui, il fouilla sous le petit épineux près de la cheminée et trouva une boîte en fer. Il ouvrit la boîte et elle était pleine d'or et il y avait une lettre dedans, mais il ne pouvait pas lire la lettre parce qu'elle était dans une langue étrangère. Il le plaça donc dans la fenêtre de la forge et défia tout érudit qui passait par là de le lire. Aucun d'eux ne le pouvait, mais finalement un grand garçon dit que c'était du latin et que cela signifiait :

"Creusez encore et vous en trouverez un autre."

Alors l'homme creusa encore sous l'épineux, et qu'y trouva-t-il sinon une autre boîte en fer pleine d'or !

Et depuis ce jour jusqu'au jour de sa mort, cet homme avait l'habitude d'ouvrir la porte d'entrée avant de se coucher et de crier : « Ma bénédiction avec les Petits Bons !

II

Voici une histoire vraie qui m'a été racontée par un homme nommé James Moore alors que j'étais assis avec lui près du feu un soir. Il a dit:

« Je ne crois pas vraiment à la plupart des histoires que certains racontent, mais après tout, un corps ne peut s'empêcher de croire une chose qu'il voit par lui-même.

« Je me souviens d'une nuit d'hiver : nous vivions alors dans une maison qui avait été démolie pour la construction de la Grande Roue. C'était une maison au toit de chaume avec deux pièces et un mur d'environ six pieds de haut qui les séparait, et de là, elle était ouverte sur les scrahs, ou gazons, qui étaient posés sur les chevrons. Ma mère était assise près du feu, occupée à tourner, et mon père était assis dans la grande chaise au bout de la table et prenait pour nous un chapitre de la Bible manx. Mon frère était occupé à enrouler une bobine et je travaillais avec un tas de linge, essayant de fabriquer deux ou trois piquets.

« Il y a une terrible lueur ce soir », dit ma mère en regardant le feu. "Et la pluie tombe à coups de tonnerre dans la cheminée !"

« Oui », dit mon père en fermant la Bible ; "Et nous ferions mieux de nous coucher bientôt et de laisser les Petits se mettre à l'abri."

« Alors nous nous sommes tous préparés et sommes allés nous coucher.

« Une fois dans la nuit, mon frère m'a réveillé avec un :

« « Chut ! » Écoute mon garçon, et regarde la grande lumière qui est dans la cuisine ! » Puis il se frotta un peu les yeux et murmura :

" "Qu'est-ce que maman fait maintenant?"

'"Écouter!" J'ai dit. « Et tu entendras maman au lit, ce n'est pas du tout elle ; ce doivent être les Petits qui sont l'agate de la roue !

« Et nous avons tous les deux eu peur, nous sommes tombés la tête sous les vêtements et nous nous sommes endormis. Le matin, quand nous nous sommes levés, nous leur avons raconté ce que nous avions vu, dès le début.

« Aw, ça suffit, ça suffit », dit mon père en regardant le volant. « Il semblerait que ta mère ait oublié d'enlever le groupe la nuit dernière, une chose à laquelle les gens devraient faire attention, car cela se donne le pouvoir sur le volant, et même si leurs intentions sont assez bonnes, les rotations qu'ils font ne sont rien. " pour se vanter. Le tisserand parle toujours de son travail et du mauvais joint qu'il fait dans les rouleaux.

« Je m'en souviens aussi bien qu'hier : la grande lumière qui était sur eux et le vrombissement qui se produisait. Et laissez chacun dire ce qu'il veut, c'est une chose que j'ai vue et entendue par moi-même.

III

Un soir, un jeune homme qui servait comme tisserand rentrait tard chez lui de Douglas à Glen Meay. Il s'était souvent vanté de n'avoir jamais vu aucun des Petits Gens. Eh bien, cette nuit-là, il empruntait la route de Saint-Jean, et lorsqu'il s'est approché de la rivière, un gros, gros taureau s'est tenu de l'autre côté de la route devant lui. Il prit son bâton et lui donna un grand coup. Il s'est jeté dans la rivière et il ne l'a plus jamais revu.

Après cela, quand il est arrivé au Parson's Bridge, il a rencontré une petite chose qui ressemblait à un rouet et il y avait un petit, petit corps assis là où se trouve la bobine. Eh bien, il leva de nouveau son bâton et frappa le petit corps qui était assis sur la bobine d'un coup violent avec son bâton. Le petit corps lui dit :

« Mon jean Shen Arragh ! » ce qui signifie : « Ne recommencez plus ça ! »

Il continua son chemin jusqu'à Glen Meay et raconta ce qu'il avait vu dans une maison là-bas. Puis un autre homme a dit qu'il avait vu la petite vieille femme assise au sommet de la bobine du rouet et descendant Raby Hill à la tombée de la nuit. Cela lui prit donc beaucoup de temps, car le premier homme la rencontra à six heures et le second à onze heures, et il n'y a pas deux milles entre les deux endroits.

Alors ils disaient, quand les cycles arrivaient, que le Petit Peuple avait été avant eux ! Et c'est une histoire vraie.

LA BUGGANE DE LA CASCADE GLEN MEAY

Il était une fois une femme qui vivait près de Glen Meay, et elle était l'épouse d'un homme honnête, calme et déterminé de l'endroit. Il n'y avait personne d'autre qu'elle et l'homme, et ils avaient une jolie petite maison et possédaient une petite ferme sur laquelle ils faisaient paître une vache et quelques moutons et cultivaient suffisamment de pommes de terre pour passer l'hiver ; et l'homme avait une yole et allait à la pêche quand il y avait du mou sur terre. Mais malgré tout cela, ils n'étaient pas à l'aise, malgré le travail aussi dur que l'homme pouvait faire dans ses fermes et sa pêche, il était maintenu aussi pauvre que Lazare par une femme paresseuse.

Car la femme préférait rester au lit le matin plutôt que de s'asseoir sur son tabouret de traite ; en effet, les voisins disaient qu'elle usait plus de couvertures que de chaussures. Bien souvent, son homme sortait tôt, affamé comme un faucon, sans une bouchée ni une soupe en lui. Un matin, alors qu'il revenait du travail pour prendre son petit-déjeuner, il n'y avait pas de feu : sa femme n'était jamais debout. Eh bien, mon pauvre homme n'avait rien d'autre à faire que de préparer son petit-déjeuner et de retourner à son travail. Lorsqu'il entra pour le dîner, cela se passa comme au petit-déjeuner.

« Pas de chance pour sa paresse », pensa-t-il ; « Cela pourrait réconforter un pauvre homme, mais je vais lui jouer un tour pour cela.
Et sur ce, il alla chercher un tas de paille et boucha les deux fenêtres de sa maison. Puis il est retourné à son travail.
Le soleil n'était pas encore couché lorsqu'il rentra chez lui le soir. Sa femme était allongée dans son lit et attendait le jour.
"Oh, femme", a-t-il crié, "dépêche-toi et lève-toi pour voir le soleil se lever à l'ouest".
La femme sursauta et courut vers la porte au moment où le soleil se couchait, et cette vue la terrifia. Le ciel tout entier ressemblait à du feu et elle pensait que la fin du monde était arrivée. Mais le lendemain matin, tout se passa comme auparavant, et lui-même lui dit :
« Kirry, c'est le Buggane, bien sûr, qui t'aura un de ces jours si tu ne t'améliore pas !
« Quel Buggane ? » dit-elle.
« Ne me pose pas de questions, » dit-il, « et je ne te dirai pas de mensonges. Mais je parle du grand type noir et poilu qui repose sous le Spooyt Vooar.
« Oh, regarde ta langue, mec ; tu ne me fais pas flipper avec tes Bugganes, cria la femme.

Le soir, l'homme quitta la maison pour aller à la pêche. Dès qu'il fut parti, la femme eut l'idée de cuisiner, car il ne lui restait que le talon du pain pour le petit déjeuner. Maintenant, eux-mêmes ne supportent pas la paresse, et cuisiner après le coucher du soleil est la seule chose qu'ils ne supporteront pas. Celui qui le fera se vengera : ils prendront certainement quelque chose, mais rarement pire qu'une partie du bétail. Eh bien, la femme s'est mise au travail pour préparer du pain d'orge et un gâteau à la farine. D'abord, elle sortit chercher des ajoncs pour les mettre sous la plaque chauffante, en glissant le verrou de la porte en entrant, pour qu'aucun des voisins ne l'attrape et ne lui crie honte de cuisiner après le coucher du soleil. Elle sortit de la farine du tonneau et la posa sur la table ronde, y mit du sel et de l'eau, puis elle pétrit la farine et en sortit avec ses mains un gâteau aussi fin que six pence. Mais elle n'était qu'une boulangère moyennement pauvre, du genre à devoir utiliser un couteau pour faire un gâteau bien rond. Elle avait retourné le gâteau deux fois, l'avait enlevé et avait brossé la plaque avec une aile d'oie blanche, prête pour le prochain gâteau qu'elle était en train de découper avec son couteau. Juste à ce moment-là, on entendit le bruit de quelque chose de lourd qui se dirigeait vers la porte. Après quelques secondes, QUELQUE CHOSE a tâtonné au niveau de la porte, puis QUELQUE CHOSE a frappé en haut de la porte, et une voix semblable à la voix épaisse et bourrue d'un géant a été entendue disant : « Ouvrez, ouvrez pour moi. Elle ne répondit rien. De nouveau, on frappa fort et une grande voix rauque se fit entendre qui criait : « Femme de la maison, ouvrez-moi ». Puis la porte s'est ouverte à la volée et voyez-vous, que devrait-elle voir sinon une grosse, grosse bête laide, une Buggane, se précipitant folle de rage. Sans même un « Avec votre permission », il l'attrapa d'un coup, la saisit par son tablier et la balança sur son épaule et partit avec lui. Avant qu'elle sache où elle se trouvait, il la précipita à travers champs et en bas de la colline, jusqu'à ce qu'il l'amène au sommet du Spooyt Vooar, la grande cascade de Glen Meay. Alors que le Buggane dévalait la colline, la femme sentit le sol trembler sous ses pieds et le bruit de la cascade lui remplit les oreilles. Et, là, devant elle, elle vit le ruisseau se transformer en embruns blancs alors qu'il dévalait les rochers. Alors que le Buggane la balançait dans les airs pour la jeter dans le bassin profond, elle pensa que sa dernière heure était venue. Puis tout d'un coup, elle se souvint du couteau qu'elle tenait à la main ! Rapide comme on le pensait, elle coupa le cordon de son tablier et tomba au sol, roulant encore et encore en bas de la colline. Et avant qu'il sache où il se trouvait, le Buggane, avec la vitesse qu'il avait sur lui, s'élança tête première dans le Spooyt Vooar. Alors qu'il descendait éperdument au fond de la piscine avec une souse qu'on aurait entendu à 800 mètres, elle l'entendit pousser un rugissement :

Rumbyl, rumbyl, sambyl,

Je pensais que j'avais un Dirt paresseux,

Et je n'ai que le bord de sa jupe.

Et c'est la dernière fois qu'on a vu cet homme !

COMMENT LE CHAT MANX A PERDU SA QUEUE

Lorsque Noé appelait les animaux dans l'Arche, il y avait un chat qui souriait et ne faisait pas attention lorsqu'il l'appelait. Elle était une bonne chasseuse de souris, mais cette fois, elle eut du mal à trouver une souris et elle pensa qu'elle n'entrerait pas dans l'Arche sans une.

Alors finalement, quand Noé eut tous les animaux en sécurité à l'intérieur, et qu'il vit la pluie commencer à tomber, et aucun signe d'elle entrant, il dit :

"Qui est dehors est dehors, et qui est dedans est dedans !" Et sur ce, il était sur le point de fermer la porte quand le chat arriva en courant, à moitié noyé – c'est pour ça que les chats détestent l'eau – et se faufila à temps. Mais Noah avait claqué la porte alors qu'elle entra en courant et cela lui avait coupé la queue, alors elle était entrée sans, et c'est pourquoi les chats manx n'ont pas de queue à ce jour. Ce chat a dit :

Bee bo plie-le,

Ma queue est terminée,

Et j'irai chez Mann

Et prends des clous en cuivre,

Et réparez-le.

LA FABRICATION DE MANN

Il y a des milliers d'années, lors des Batailles des Géants en Irlande, Finn Mac Cooil se battait contre un grand géant écossais aux cheveux roux venu le défier. Il l'a battu et l'a poursuivi vers l'est, vers la mer. Mais le géant écossais était un coureur plus rapide et commença à le devancer, alors Finn, qui avait peur qu'il saute dans la mer et s'échappe, se baissa et saisit une grande poignée de terre irlandaise pour lui lancer. Il le lança, mais il manqua son ennemi et le gros morceau de terre tomba au milieu de la mer d'Irlande. C'est l'île de Mann, et le grand trou que Finn a fait là où il l'a déchiré, est le Lough Neagh.

Il y avait aussi des hommes en Irlande à cette époque, ainsi que des géants, et pour certains d'entre eux, cela semblait se produire d'une manière différente. Les hommes ne comprennent pas toujours les agissements des géants, car ils vivent, pourrait-on dire, sur les traces des géants. Il semble qu'à cette époque les tribus irlandaises étaient rassemblées en deux grandes forces se préparant à affronter les pilleurs qui avaient quitté l'Écosse et travaillaient sur leur propre côte. Leur sang est devenu trop chaud et ils se sont vraiment battus l'un contre l'autre pour montrer comment ils se comporteraient avec les coquins quand ils viendraient. À leur grande confusion, car ils perdirent le contrôle d'eux-mêmes, ils se retrouvèrent dans un terrain marécageux et furent en grand danger. Les chefs, voyant que cela allait signifier de lourdes pertes en vies humaines, rassemblèrent tous leurs hommes sur une grande parcelle de terrain sec qui se trouvait par hasard dans les tourbières, quand tout à coup l'obscurité tomba au-dessus de leur tête et le sol a commencé à trembler et à trembler sous le poids des gens et l'agitation qu'ils ressentaient, puis cela a disparu, les gens et tout. Certains ont dit qu'il avait plongé et s'était enfoncé dans la tourbière avec les gens qui se trouvaient dessus. D'autres ont dit qu'il avait été soulevé et que les gens qui s'y trouvaient étaient tombés dans le marais. Il ne fait aucun doute que l'obscurité provoquée par la main de Finn rendait difficile de comprendre comment cela s'était produit. Quoi qu'il en soit, peu de temps après, ils disaient que la mer montait terriblement et que les hommes dans les bateaux devaient se tenir aux côtés, sinon ils auraient été jetés dehors. Et voici, quelques jours après cela, on aperçut une terre au milieu de la mer, là où personne n'avait jamais vu de pareille.

Vous savez peut-être que cette histoire est vraie car les Irlandais ont toujours considéré l'île de Mann comme une parcelle de leur propre terre. On dit que lorsque Saint Patrick déposa la bénédiction de Dieu sur le sol de l'Irlande et sur toutes les créatures qui pouvaient y vivre, la puissance de cette bénédiction se fit sentir en même temps dans l'île.

Saint Patrick était un homme puissant,

C'était un saint si intelligent,

Il a donné un coup de fouet aux serpents et aux crapauds !

Et les bannit pour toujours.

Et il existe encore aujourd'hui des preuves de la véracité de ce dicton, car même si de telles choses désagréables vivent en Angleterre, elles ne peuvent pas respirer librement sur le sol béni.

L'île était alors beaucoup plus grande qu'elle ne l'est aujourd'hui, mais le magicien qui la régna un temps, pour se venger d'un de ses ennemis, souleva un vent furieux dans les airs et dans le sein de la terre. Ce vent a arraché plusieurs morceaux de la terre et les a jetés dans la mer. Ils flottaient et furent transformés en ces rochers dangereux qui sont maintenant tant redoutés par les navires. Les plus petits morceaux sont devenus les sables mouvants qui ondulent autour de la côte, et sont parfois aperçus et parfois disparus. Plus tard, l'île fut connue sous le nom d'Ellan Sheaynt, l'île de la paix ou l'île sacrée. C'était un endroit où il y avait toujours du soleil, et le chant des oiseaux, le parfum des fleurs douces et des pommiers en fleurs toute l'année. Il y avait toujours là-bas de quoi manger et boire, et les chevaux de cet endroit étaient bien et les femmes belles.

LA VENUE DE SAINT PATRICK

C'était l'époque où Saint Patrick arrivait à cheval vers Mann, en provenance d'Irlande, par la mer. Lorsqu'il s'approcha de la terre, Manannan Mac y Leirr, ce grand sorcier qui était le souverain de Mann, lui lança un charme qui rendit l'air autour de l'île épais de brume, de sorte que ni le soleil, ni le ciel, ni la mer, ni la terre ne pouvaient être vu. Patrick s'avança dans l'épaisseur de la brume, mais malgré tous ses efforts, il ne trouva aucun moyen d'en sortir, et derrière lui se tenait une grande bête marine qui attendait de l'engloutir. Il ne savait pas dans ses sept sens où il se trouvait – à l'est ou à l'ouest – et il était prêt à faire demi-tour, quand le cri d'un courlis lui parvint à l'oreille :

« Viens, viens, viens ! »

Puis il se dit :

« Le courlis sera en train de se nourrir parmi les rochers ; elle appellera ses petits.

Après cela, il entendit le bêlement d'une chèvre :

"Attention, attention, attention!"

Et il se dit :

"Là où la chèvre bêle pour la chute de son chevreau, il y aura une pente raide."

Enfin, il entendit le chant d'un coq :

« Venez à nous, venez, venez !

Alors Patrick dit :

«Je crois en moi, je suis de retour à Peel Hill.»

Et sur ce, il fit un saut vers la petite île et plaça son cheval sur le rocher à pic. Bientôt, il se retrouva, bien sûr, au sommet de Peel Hill. Debout là, il s'écria :

'Je bénis le courlis. Après cela, aucun homme ne trouvera son nid ! »

« Je bénis la chèvre, et personne ne doit la voir mettre bas ses petits ! »

"Je bénis le coq, et" il chantera toujours à l'aube à cette même heure ! »

Il a maudit la bête marine et l'a transformé en un rocher solide et il repose là maintenant avec sa grande nageoire sur le dos.

Là où les sabots du cheval frappèrent le sommet de la colline, jaillit un puits d'eau pure, dont buvaient l'homme et le cheval, et on l'appelle encore aujourd'hui le Saint Puits de Saint Patrick. Si vous descendez jusqu'aux rebords du rocher, formés par les sabots du cheval alors qu'il grimpait, vous verrez peut-être encore les empreintes de pas.

Lorsque Patrick regarda autour de lui, la brume se dissipa et il vit une grande foule de guerriers autour du Mont Fée de Manannan, avec les premiers rayons du soleil levant brillant sur leurs lances. Mais le saint savait qu'il s'agissait de fantômes ressuscités par le pouvoir magique de Manannan et il leur ordonna de partir.

Et voici, eux et leur maître, sous la forme d'hommes à trois pattes, tournoyaient en rond comme des roues devant le vent rapide, qui ne pouvait les atteindre, jusqu'à ce qu'ils arrivent à Spanish Head. Là, ils tournoyèrent au-dessus des rochers si rapidement et si légèrement que les mouettes sur les corniches en contrebas n'étaient pas dérangées, puis continuèrent leur route au-dessus de la mer d'Irlande agitée et grise jusqu'à ce qu'ils arrivèrent à l'île enchantée, à quinze milles au sud-ouest de Calf. Une fois sur place, Manannan laissa tomber l'île au fond de la mer, et lui et sa compagnie ne furent plus revus.

Saint Patrick sur son cheval blanc comme neige s'est arrêté sur la colline Peel et a béni l'île où il avait touché terre, et elle l'a été jusqu'à ce jour. Puis il sauta sur le petit îlot qu'il aperçut au-dessous de lui. Depuis qu'on l'appelle l'île Saint-Patrick, et depuis les rochers du côté nord, il observait la violente tempête provoquée par le départ de Manannan. À ce moment-là, un brave navire, sans voile d'avant ni grand-voile, se dirigeait droit vers les terribles rochers. Saint Patrick leva sa main maillée et la tempête se calma. Le bon navire se redressa de nouveau et ceux à bord furent sauvés. Ils levèrent avec admiration et gratitude le cavalier dans son armure étincelante sur le cheval blanc comme neige, se tenant brillant sur l'obscurité des rochers. Et depuis ce jour, le pêcheur, en passant devant le Rocher du Cheval, s'en va avec sa casquette et adresse cette petite prière au bon saint Patrick :

Saint Patrick qui a béni notre île, bénis-nous ainsi que notre bateau,

Sortir bien, rentrer mieux,

Avec des vivants et des morts dans le bateau.

COMMENT LE HARENG EST DEVENU ROI DE LA MER

Les vieux pêcheurs de l'île racontent qu'il y a des années et des années, les poissons se réunissaient pour se choisir un roi, car ils n'avaient aucun jugement pour leur dire ce qui était juste. Il est fort probable que leur lieu de rendez-vous se trouvait au large de l'Épaule, au sud du Calf. Ils étaient tous venus sous leur meilleur jour : il y avait le capitaine Jiarg, le Gurnet Rouge, dans son beau manteau cramoisi ; Grey Horse, le Requin, grand et cruel ; le Bollan dans ses couleurs les plus vives ; La sale Peggy, la seiche, se mettant sous son plus beau visage ; Athag, l'aiglefin, essayant d'effacer les taches noires que le diable lui avait brûlées lorsqu'il le tenait avec son doigt et son pouce, et tout le reste. Chacun pensait qu'il pourrait être choisi.

Le poisson avait la ferme intention de faire de Brac Gorm, le maquereau, le roi. Il le savait, et il est allé se mettre de belles lignes et rayures – roses, vertes et dorées, et toutes les couleurs de la mer et du ciel. Puis il pensait à lui-même. Mais quand il est arrivé, il avait l'air si beau qu'ils ne le connaissaient pas. Alors ils ont dit qu'il était artificiel et qu'il n'aurait rien à voir avec lui.
En fin de compte, c'est Skeddan, le Herring, le Lil Silver Fella, qui a été nommé roi de la mer.
Quand tout fut fini, le Fluke arriva, trop tard pour donner son vote, et ils crièrent tous :
« Tu as raté la marée, ma beauté ! »
Il paraît qu'il avait été tellement occupé à se retoucher, à se retoucher du rouge par endroits, qu'il en avait oublié le temps qui passait. Lorsqu'il vit que le hareng avait été choisi, il tordit la bouche d'un côté et dit :
« Et qu'est-ce que je vais être alors ? »
"Prends ça", dit Scarrag le Skate, et il lève sa queue et donne au Fluke une gifle sur la bouche qui lui a fait tomber la bouche de travers. Et il en est ainsi depuis.
Et c'est peut-être parce que le hareng est le roi de la mer qu'il a tant d'honneur parmi les hommes. Même les juges, lorsqu'ils prêtent serment, disent : « J'exécuterai la justice aussi indifféremment que l'épine dorsale du hareng repose au milieu du poisson.
Et les Manx ne brûleront pas les arêtes du hareng dans le feu, au cas où le hareng le sentirait. Il ne faut pas oublier non plus que les meilleurs harengs du monde sont pêchés dans cet endroit de l'Épaule, où les poissons tenaient leur grand rendez-vous, et cela parce qu'il n'est pas très loin de l'île enchantée de Manannan.

LA COUPE D'ARGENT

Il était une fois un homme vivant dans le sud de l'île qui s'appelait Colcheragh. Il était agriculteur et il avait des volailles dans sa rue, des moutons dans la montagne et du bétail dans les prairies au bord de la rivière.

Ses vaches étaient les meilleures de la paroisse. Nulle part on ne pouvait voir un si beau bétail que lui ; ils étaient la fierté de son cœur et ils le servaient bien avec du lait et du beurre.

Mais au bout d'un moment, il commença à penser que quelque chose n'allait pas chez les vaches. Il se rendait à l'étable dès le matin, et un matin, il remarqua que les vaches avaient l'air si fatiguées qu'elles pouvaient à peine se tenir debout. Au moment de la traite, ils ne trouvèrent pas une goutte de lait. Les filles qui sortaient pour traire les vaches revenaient avec des bidons vides en disant :

« Le lait est monté dans les cornes des vaches !

Colcheragh commença à penser que quelqu'un avait jeté un mauvais œil sur ses vaches, alors il balaya un peu de la poussière du carrefour à proximité, avec une pelle, et la répandit sur leur dos. Mais les vaches ne se sont pas améliorées. Puis il se demanda si quelqu'un ne venait pas la nuit voler le lait. Il décida de rester assis toute la nuit dans l'étable pour voir s'il pourrait attraper le voleur.

Ainsi, une nuit, alors que tout le monde était couché, il sortit furtivement de la maison et se cacha sous de la paille dans un coin de l'étable. Heure après heure, la nuit sombre et solitaire s'avançait, et il n'entendait rien d'autre que la respiration des vaches et leur bruissement dans la paille. Il avait très froid et était raide, et il venait de se décider à entrer dans la maison, lorsqu'une lumière scintillante apparut sous la porte ; et puis il entendit les Choses rire et parler – des propos bizarres – il comprit que ce n'étaient pas de bonnes personnes. La porte de l'étable s'ouvrit et entra un grand nombre de Petits Hommes, vêtus de manteaux verts et de casquettes en cuir. En fouillant dans la paille, il vit leurs cornes pendues à leurs côtés, leurs fouets à la main, et des dizaines de petits chiens de toutes les couleurs – vert, bleu, jaune, écarlate et de toutes les couleurs imaginables – à leurs trousses. Les vaches étaient couchées. Les Petits Amis desserraient les jougs du cou des vaches, sautaient sur le dos, une douzaine peut-être sur chaque vache, et faisaient claquer leurs petits fouets. Les vaches se sont levées d'un bond et elles-mêmes sont parties au galop !

Colcheragh a couru à l'écurie, est monté à cheval et a couru après ses vaches. La nuit était sombre, mais il entendait le sifflement des petits fouets dans l'air, le claquement des sabots des vaches sur les pierres et les petits chiens qui faisaient :

« Ouais, ouais, ouais ! »

Il entendit aussi leurs rires. Alors l'un d'eux chantait aux chiens, les appelait par leur nom, leur lançait un appel :

« Ho la, ho la, la ! »

Colcheragh suivit ces bruits, les talonnant de près. Ils allèrent encore et encore, pêle-mêle à travers les haies et les fossés jusqu'à ce qu'ils arrivèrent à Fairy Hill, et Colcheragh les suivait toujours, même si, une autre nuit, il ne se serait pas éloigné à moins d'un mile du grand monticule vert. Lorsque les Petits Amis arrivèrent à la colline, ils firent retentir un tan-ta-ra-ra-tan dans leurs klaxons. La colline s'ouvrit, une lumière vive jaillit, des sons de musique et une grande joie. Eux-mêmes sont passés par là, et Colcheragh a glissé de son cheval et s'est glissé inaperçu après eux. La colline se referma derrière eux et il se retrouva dans une belle pièce, éclairée jusqu'à ce qu'elle soit plus lumineuse qu'un midi d'été. L'endroit tout entier était rempli de Petits Gens, jeunes et vieux, hommes et femmes, tous parés pour un bal, si grand qu'il n'avait jamais ressemblé. Parmi eux se trouvaient quelques visages qu'il croyait avoir déjà vus, mais il n'y prêta aucune attention, ni eux non plus. Dans une partie, on dansait sur la musique de Hom Mooar – c'était le nom du violoniste – et quand il jouait, tous les hommes devaient le suivre, qu'ils le veuillent ou non. La danse était comme la danse des fleurs dans le vent, une danse comme il n'en avait jamais vue auparavant.

Dans une autre partie, ses vaches étaient tuées et rôties, et après la danse il y avait un grand festin, avec des dizaines de tables garnies d'argent et d'or et de tout ce qu'il y avait de meilleur à manger et à boire. Il y avait du rôti et du bouilli, du sollaghan et du cowree, des puddings et des tartes, de la jough et du vin – un festin digne du gouverneur lui-même. Alors qu'ils prenaient place, l'un d'eux, dont il croyait connaître le visage, lui murmura : « Ne goûte rien ici, sinon tu seras comme moi et tu ne retourneras plus jamais chez les tiens.

Colcheragh se décida à suivre ce conseil. Quand la fête touchait à sa fin, on cria pour les Jough-y-dorrys, la Stirrup Cup. Quelqu'un courut chercher la coupe. Celui du Petit Peuple, qui semblait être leur roi, le remplit de vin rouge, le but lui-même et le transmettait aux autres. Il tournait de l'un à l'autre jusqu'à ce qu'il atteigne Colcheragh, qui vit, lorsqu'il l'avait entre ses mains, qu'il était en argent finement sculpté et plus beau que tout ce qu'on avait jamais vu en dehors de cet endroit. Il se dit : « Ces petits connards ont volé, tué et mangé mon bétail ; cette coupe, si elle était la mienne, me paierait pour tout. Alors se levant et saisissant fermement la coupe d'argent dans sa main, il la leva et dit :

« Shoh Slaynt ! » qui est le toast Manx.

Puis il jeta la coupe de vin sur eux-mêmes et sur les lumières. En un instant, l'endroit fut plongé dans une obscurité noire, à l'exception d'un instant de lumière grise de l'aube qui traversait la fente de la porte à moitié fermée. Colcheragh s'y dirigea, tasse à la main, claqua la porte derrière lui et courut pour sauver sa vie.

Après un moment de tumulte, ils manquèrent eux-mêmes la coupe et Colcheragh, et avec des cris de rage ils sortirent de la colline après lui, en pleine poursuite. Le fermier, qui avait pris un bon départ, a couru comme il n'avait jamais couru auparavant. Il savait qu'il obtiendrait une petite pitié de leur part s'il était attrapé ; il pataugeait dans la boue humide et évitait les tremplins ; il savait qu'ils ne pouvaient pas l'emmener dans l'eau. Il regarda par-dessus son épaule et aperçut tout le Mob Beg derrière lui, sur ses talons, agitant leurs bras nus à la lumière de la torche que chacun brandissait. Ils arrivèrent, criant et hurlant en manx :

Colcheragh, Colcheragh,

Mets ton pied sur la pierre,

Et ne le mettez pas sur le mouillé !

Mais il a couru dans l'eau jusqu'à ce qu'il arrive au cimetière, et là, ils n'ont pas pu l'atteindre. Lorsqu'il entra dans l'étable le lendemain matin, les vaches étaient toutes rentrées à la maison et elles se reposèrent ensuite.

Il a mis la coupe dans l'église de Rushen, et on dit qu'elle était là depuis de nombreuses années ; puis il fut envoyé à Londres. On dit qu'après cela, le fermier ne sortait plus de sa maison le soir après la tombée de la nuit.

L'ENFANT SANS NOM

Il y a de nombreuses années, l'héritière de la ferme Eary Cushlin avait un petit enfant. Eary Cushlin est un endroit terriblement solitaire ; il se dresse en hauteur sur l'Eanin Mooar, le grand précipice, à proximité du front escarpé de Cronk-yn-Irree-Laa. On pouvait y vivre des mois sans voir la face d'argile, et personne n'était au courant de la naissance de l'enfant. Il n'était pas le bienvenu quand il est arrivé, et dès qu'il est né, il est mort. Puis la mère le porta, en pleine nuit, le long du sentier étroit au-dessus des rochers, au-delà de l'endroit où les eaux de Gob-yn-Ushtey jaillissent dans la baie, au-delà d'Ooig-ny-Goayr, la grotte de la chèvre, jusqu'à Lag- New York-Keilley. Elle l'a enterré dans les ruines du petit Keeill solitaire qui est là, à flanc de colline, depuis mille quatre cents ans et plus. Là, elle l'a laissé tranquille.

Peu de temps après, quelques yawls partaient pêcher l'aiglefin depuis Dalby. Il y avait la « Lucky Granny » de Lagg, le Muck Beg ou Little Pig de Cubbon Aalish, Boid-y-Conney de Cleary's, Glen Rushen et d'autres, dix en tout. Puis on commença à dire que quelque chose d'étrange se passait à Lag-ny-Keilley. Les hommes pêcheraient près de la terre, sous l'ombre noire de Cronk-yn-Irree-Laa, la Colline du Jour Levant. Le petit soir venu, les yawls dérivaient vers le sud avec la marée montante, vers le nord avec le reflux, passant et repassant le rivage de Lag-ny-Keilley. Alors ils voyaient une belle lumière et entendaient une lamentation et des pleurs, comme s'ils venaient d'un petit enfant perdu. À la fin, la lumière parcourait le front escarpé jusqu'au vieux Keeill et s'éteignait. Les hommes furent si effrayés qu'ils finirent par ne plus sortir dans la baie la nuit tombée, mais sortirent du lieu de pêche dès que le soleil déclinait.

Les choses sont devenues si noires pour les femmes et les enfants de la maison qu'un très vieil homme, Illiam Quirk, qui n'était pas allé en mer depuis de nombreuses années, a déclaré qu'il irait avec l'un des yawls pour voir par lui-même. On disait de lui : « Oul Illiam a le pouvoir sur lui dans la prière, et c'est un type despard moyen ; il osera presque tout. Il en était ainsi à ce moment-là : sa yawl était la dernière d'entre eux à arriver ; les autres étaient effrayés. C'était une très belle et belle nuit de clair de lune lorsqu'il descendait de la marque, et alors qu'il était près de Gob-yn-Ushtey, il entendit des pleurs et des pleurs. Il s'est allongé sur ses rames et a écouté, et il a entendu un petit enfant gémir encore et encore : « Elle lhiannoo te supplie de m'ennym ! C'est-à-dire : « Je suis un petit enfant sans nom !

« Rapprochez-vous du réseau local », dit Illiam quand il l'entendit. Ils se rapprochèrent et il aperçut clairement un petit enfant sur la rive, tenant une bougie allumée à la main.

« Que Dieu me bénisse, Bogh, nous devons te donner un nom ! » dit Illiam. Et il ôta son chapeau, se leva dans la barque et jeta une poignée d'eau vers l'enfant en criant : « Si tu es un garçon, je te baptise au nom du Père, du Fils et du Saint-Esprit, Juan ! Si tu es une fille, je te baptise au nom du Père, du Fils et du Saint-Esprit, Joanney !

En un instant, les cris cessèrent et on ne les entendit plus jamais, et la lumière s'éteignit et on ne les vit plus.

LA FÉE MÉDECINE

Les cordonniers, les tailleurs et les fileurs occasionnels se promenaient dans les maisons des gens, fabriquant des objets et filant des rouleaux de laine pour les gens.

Une fois, le tailleur est allé à Chalse Ballawhane. Ils l'attendirent assez longtemps et, par hasard, il rattrapa Chalse chez lui.

Or Chalse avait pouvoir sur les poissons de la mer et les oiseaux du ciel ainsi que sur les bêtes des champs. Lui et les Petits s'entendaient bien aussi, mais d'une manière ou d'une autre, il n'a jamais réussi à prendre le pouvoir sur eux. Les gens disaient qu'il n'était jamais capable d'apprendre correctement leur langue. Quoi qu'il en soit, il était assez souvent avec eux.

Après que le tailleur eut eu une dispute avec les femmes, il se tourna vers Ballawhane, qui était assis dans le grand fauteuil, le coude sur la table et la main tenant son front, l'autre main dans la poche de son pantalon jusqu'au coude, et il ne ne s'occuper de personne ni de rien.

«Je vais prendre votre mesure, M. Teare, pendant que vous êtes à l'intérieur, car on ne sait pas combien de temps cela va durer», dit le tailleur.

« Oh, mon garçon, mon garçon », répondit Chalse en regardant par la fenêtre (les gens ne s'embêtaient pas avec les stores à l'époque) et puis, se tournant vers l'horloge, il dit : « Il n'y a pas d'heure ce soir : je veux partir de chacun à la maison, et il est temps que je me prépare . Personne n'a dit un mot pendant une minute ou deux. Il était exactement comme un corps avec son esprit lointain. De nouveau, tout d'un coup, il regarda le tailleur. Il a ensuite dit:

'Ahm, je vais à un grand souper ce soir. Tu ne feras rien ici, peut-être que tu aimerais y aller ? C'est chacun à emporter, mais tu seras assez bien avec moi. Mais il y a une promesse que j'attendrai de ta part : peu importe, peu importe ce que tu verras, ni ce que tu entendras, ni qui te parlera, tu ne dois pas répondre ou ce sera c'est fini avec toi.

Le tailleur était tellement occupé par la chance de voir le Petit Peuple par lui-même qu'il promit fidèlement, quoi qu'il arrive, de ne jamais dire un mot, et il savait qu'il aurait assez raison avec Chalse.

Ballawhane ôta alors son chapeau du *latt* , et en sortant il dit :

« Je reviens pour toi tout à l'heure ; mets-toi un peu de côté pendant que tu attends.

Au bout d'un moment, il y eut un bruit de chevaux qui remontaient la rue : c'était affreux. Puis ils s'arrêtèrent dans la rue et Ballawhane entra en disant :

"Nous ne pourrions pas te trouver un autre cheval, mon garçon, fais ce que nous voulons, mais tu devras te procurer un cheval quelconque."

Et en descendant au salon, il saisit quelque chose et sortit sans dire un mot. Revenant à la porte après un moment, il dit :

« Allez, mon garçon. Je lui tiendrai la tête jusqu'à ce que tu partes.

Le tailleur sort et monte, avec un fouet, sur son dos, et ils marchent comme les mêmes hommes, encore et encore, à travers les haies et les fossés, jusqu'à ce qu'ils arrivent à un grand front près d'une rivière. Il semblerait qu'ils connaissaient le chemin, même la nuit, car ils le prenaient tous l'un après l'autre comme s'amusant. Mais c'était un grand saut, et lorsque le tailleur se sentit voler dans les airs, son cœur fit un bond à sa bouche.

"Oh Seigneur, quel saut!" il a dit.

La minute suivante, il tombait affalé dans une tourbière, le tableau entre les jambes, tout seul dans le noir. Le lendemain matin, il s'est levé tout couvert de neige fondante, ressemblant à une chose qu'on aurait traînée dans un caniveau, et aussi silencieux qu'une souris - plus il était timide, plus il avait de vapeur.

Quelque temps après, certaines femmes lui demandaient : comment avait-il apprécié la nuit dernière et y retournerait-il ? Mais tout ce qu'ils pouvaient tirer de lui, c'était :

« Aw, plus jamais, plus rien ! »

L'HISTOIRE DE JOE MOORE SUR FINN MACCOOILLEY ET LA BUGGANE

Ce Finn MacCooilley était un géant irlandais et le Buggane était un géant mannois. Quoi qu'il en soit, ce Finlandais est venu des montagnes de Mourne pour voir à quoi ressemblait l'île de Mann, car il voyait la terre. Il aimait bien cette île peu commune, alors il s'y arrêta, vivant à la manière de Cregneish. Le Buggane entendait beaucoup parler du géant Finn MacCooilley qui se trouvait dans le Sound, alors il descendit du sommet de Barrule pour l'observer. Finn savait qu'il venait se battre avec lui, pour voir qui était son témoin, et Finn ne voulait pas se battre. « Laissez-le-moi », dit la femme ; 'et' je vais lui faire rire !'

Peu de temps après, ils aperçurent le Buggane, et il était une terreur ambulante. Il venait de Barrule vers eux, dans une puissante poursuite.

« Glisse le berceau, Finn », dit-elle. "C'est moi qui lui parlerai."

La Buggane arrive à la porte, les pieds chauds.

« Où est-il ? dit-il.

«Cet homme est parti de chez lui à ce moment-là», dit-elle. « Qu'est-ce que tu lui veux ?

'Oh, rien ne me presse. Je vais mettre mon fut à l'intérieur et attendre qu'il revienne", dit-il.

« Amusez-vous », dit-elle, « et vous me ferez plaisir ; mais je dois continuer ma pâtisserie.

« Qui as-tu dans le berceau ? dit-il.

«C'est notre bébé», dit-elle.

"Et" au nom des Puissances Inconnues, quel genre d'homme est-il lui-même si son bébé est si gros ?

« Il est très grand et très puissant », dit-elle. « Et l'enfant favorise le père.

Elle faisait du pain d'orge, et quand la cuisson fut terminée chez elle, elle prit la plaque chauffante et la plaça entre deux gâteaux de pain, et la donna à manger au Buggane, avec un litre de babeurre. Il est allé essayer de manger et il a pu.

« Aw, homme vivant ! Mais c'est le pain dur, dit-il. « Quel genre de genre m'as-tu donné, vraiment ? »

«C'est le genre de produit que je donne à Finn», dit-elle.

"Et est-ce que les dents de Finn vont traverser ça ?"

"Oh, oui, Finn ne pensait absolument pas à ça, c'est le genre de pain qu'il voulait", dit Thrinn.

Finn se leva du berceau et commença à rugir pour obtenir un morceau. Elle lui alla chercher un coup de poing sur la patte.

«Arrêtez de faire du bruit», dit-elle. "Et tiens-toi droit et ne mets pas le drone sur ton dos comme ça." Et en lui donnant un gâteau au beurre, elle dit :

« A mangé, mangé, fouetté sur vous, et » n'ayons pas de lavins. »

« Tu vas avoir les dents du Chili cassées dans la tête, femme. Il n'aurait jamais pu manger du pain aussi dur que ça ! dit le Buggane.

"Oh, il peut faire ça avec la vie", dit-elle.

Mais cela a fait le Buggane ; il s'est élancé et s'est enfui à nouveau. Il pensait que si Finn était si fort et le bébé aussi gros, il ferait mieux de rentrer à la maison.

Mais il ne fallut pas longtemps pour que Buggane et Finn se rencontrent, et c'est alors qu'ils se battirent ! Un jour, Finn a rencontré les Buggane à Kirk Christ Rushen, et ils se sont affrontés tôt dans la journée jusqu'au coucher du soleil. Finn avait un fut dans le Big Sound, et donc il a fait le canal entre le Calf et Kitterland, et l'autre dans le Little Sound, et donc il a fait le canal étroit entre Kitterland et l'île. Le Buggane se trouvait à Port Iern - c'est ce qui a fait la belle et grande ouverture à Port Iern. Les rochers ont tous été brisés avec leurs pieds. Quoi qu'il en soit, le Buggane est sorti victorieux et a terriblement frappé Finn, qui a donc dû courir vers l'Irlande. Finn pouvait marcher sur la mer, mais le Buggane le pouvait ; et quand Finn est descendu et qu'il n'a pas pu se venger davantage de lui, il a arraché une dent et l'a lancée en sifflant dans les airs après Finn. Il l'a frappé à l'arrière de la tête, puis il est tombé dans la mer et est devenu ce que nous appelons maintenant le Rocher des Poulets. Finn se retourna avec un rugissement et un puissant juron :

« Mes sept serments de malédiction dessus ! » dit-il. « Qu'il reste là pour le malheur des fils des hommes pendant que l'eau coule et que l'herbe pousse ! »

Et depuis ce jour jusqu'à aujourd'hui, cela a été une vexation et une malédiction pour les marins.

LA FYNODEREE

Le Fynoderee est allé au pré

Pour soulever la rosée au chant du coq gris,

Les cheveux de jeune fille et l'herbe de vache

Il leur frappait du pied ;

Il s'étendait dans le pré,

Il jeta l'herbe sur la main gauche ;

L'année dernière, il nous a fait nous demander,

Cette année, il va bien mieux.

Il s'étendait dans le pré,

Les herbes en fleurs qu'il coupait,

L'herbe de haricot des tourbières dans le curragh,

Pendant qu'il avançait, il tremblait,

Il coupait tout avec sa faux,

Aux gazons écorchaient les prés,

Et si une feuille restait debout,

Avec ses talons, il le piétinait.

Vieille chanson.

LA FYNODEREE DE GORDON

Il fut un temps où un Fynoderee vivait à Gordon. Ceux qui l'ont vu ont dit qu'il était grand et hirsute, avec des yeux de feu et plus fort que n'importe quel homme. Un soir, il rencontra le forgeron qui rentrait de son atelier et lui tendit la main pour lui serrer la main. Le forgeron lui tendit la chaussette de fer de la charrue qu'il avait avec lui, et il la serra comme si c'eût été un morceau d'argile, en disant : « Il y a encore des hommes forts dans le monde !

Le Fynoderee effectuait tout son travail la nuit et se rendait dans les hidlans le jour. Une nuit, alors qu'il était en voyage, il est venu à Mullin Sayle, à Glen Garragh. Il a vu une lumière dans le moulin, alors il a passé la tête par la moitié supérieure ouverte de la porte pour voir ce qui se passait à l'intérieur, et là, la femme de Quaye Mooar tamisait le maïs. Lorsqu'elle aperçut la grosse tête, elle fut terriblement effrayée. Elle eut cependant la présence d'esprit de lui tendre le tamis et de lui dire : « Si tu vas à la rivière et que tu y apportes de l'eau, je te ferai un gâteau ; et plus tu ramèneras d'eau, plus ton gâteau sera gros.

Les Fynoderees prirent donc le tamis et coururent jusqu'à la rivière ; mais l'eau en coula et il ne put en chercher aucune pour le gâteau, et il jeta le tamis avec rage et s'écria :

« Dollan, Dollan, fonce !

Ny smoo ta mee cur ayn,

Ny smoo ta goll ass.'

Tamisez, tamisez, foncez !

Plus j'en mets,

Plus il y en a qui sortent.

La femme s'est enfuie alors qu'il essayait de remplir le tamis et lorsqu'il est revenu au moulin, il l'a trouvé dans l'obscurité.

Le Fynoderee travaillait très dur pour les Radcliffe, qui possédaient alors Gordon. Chaque nuit, il moulait leur maïs pour eux, et souvent il prenait la main aux fléaux. S'ils mettaient une meule dans la grange le soir et en détachaient chaque gerbe, ils la trouveraient battue le matin, mais il n'en toucherait pas une gerbe à moins qu'elle ne soit détachée. L'été, il faisait le foin et coupait le maïs.

Souvent, les gens de la ferme passaient le temps avec lui. Par une journée froide et glaciale, le grand Gordon coupait des navets et soufflait dans ses doigts pour les réchauffer.

« Pourquoi souffles-tu sur tes doigts ? dit le Fynoderee.

— Pour les mettre en chaleur, dit le Fermier.

Ce soir-là, au dîner, la bouillie du fermier était chaude et il souffla dessus.

«Pourquoi fais-tu ça?» dit le Fynoderee. « Il ne fait pas assez chaud pour toi ?

« Il fait trop chaud, c'est vrai ; Je souffle dessus pour le refroidir, dit le Fermier.

«Je ne t'aime pas du tout, mon garçon», dit le Fynoderee, «car tu peux souffler du chaud et du froid d'un seul souffle.»

Le Fynoderee ne portait aucun vêtement, mais on dit qu'il n'a jamais eu froid. Big Gordon, cependant, eut pitié de lui de ne pas en avoir, et un hiver glacial, il alla se faire confectionner des vêtements : culotte, veste, gilet et casquette – ils étaient très grands aussi. Et il est allé les lui donner dans la grange une nuit. Le Fynoderee les regarda et les prit, et dit :

Un manteau pour le dos, c'est un mal pour le dos !

Le gilet pour le milieu est mauvais pour le milieu !

Une culotte pour la culasse est une malédiction pour la culasse !

Le bonnet pour la tête est nocif pour la tête !

Si tu possèdes une grande ferme Gordon, mon garçon...

Si ton petit val est à l'est et ton petit val à l'ouest,

Pas encore à toi le joyeux Glen de Rushen, mon garçon !

Il jeta donc les vêtements et se dirigea vers Glen Rushen, chez Juan Mooar Cleary. Il travaillait alors pour lui, coupant le foin des prés, coupant le gazon pour lui et s'occupant des moutons.

Il arriva une nuit d'hiver qu'il y eut une grande tempête de neige. Juan Mooar s'est levé pour surveiller les moutons, mais le Fynoderee est venu à la fenêtre.

« Mens, mens et dors, Juan », dit-il ; «J'ai tous les moutons dans le troupeau, mais il y avait là-bas un loaghtan (mouton indigène brun) d'un an qui m'a causé encore plus de problèmes jusqu'à ce que tous les res'. Mes sept malédictions sur le petit Loaghtan ! J'ai contourné Barrule Mooar à deux reprises après elle, mais je l'ai quand même rattrapée.

Quand Juan est sorti le matin, tous les moutons étaient en sécurité dans la cogee et un gros lièvre avec eux, avec deux petits lankets sur lui, c'était le yearling brun !

Après un certain temps, les Fynoderee montèrent au sommet de la montagne Barrule pour y vivre, jusqu'au sommet même. Un jour, lui et sa femme sont allés préparer un pot de porridge et ils se sont disputés.

Elle a couru et l'a quitté. Il lui a lancé une grosse pierre blanche et elle l'a frappée au talon — la marque du sang est toujours sur la pierre de Cleigh Fainey. Pendant qu'elle se baissait pour mettre un chiffon sur son talon, il lui lança un grand nombre de petites pierres, ce qui la fit jaillir au Lagg, à trois kilomètres de là. Puis il a lancé une grosse pierre avec le bâton de pot dedans — elle est aujourd'hui dans la rivière Lagg. Là-dessus, elle fit deux sauts au-dessus de la mer jusqu'aux montagnes de Mourne en Irlande ; et pour autant, je sais qu'elle vit toujours là-bas.

LE LHONDOO ET L'USHAG-REAISHT

Autrefois, Lhondoo, le merle, vivait dans les montagnes et Ushag-reisht, l'oiseau des déchets, comme les Manx appellent le pluvier doré, vivait dans les basses terres, et aucun d'eux n'était capable de quitter son propre repaire. Un jour pourtant, les deux oiseaux se rencontrèrent à la frontière entre montagne et plaine, et ils convinrent entre eux de changer de place pour un moment. L'Oiseau des Déchets devrait rester dans les montagnes jusqu'au retour du Lhondoo.

Le Lhondoo se trouva mieux dans sa nouvelle maison que dans l'ancienne, et il n'y retourna pas. Ainsi le pauvre Oiseau des Désolations fut laissé dans les montagnes et chaque jour on l'entendra crier d'une voix triste :

'Lhondoo, vel oo cheet, vel oo cheet ?

S'foddey mon reayllagh oo !'

Grive noire, tu viens, tu viens ?

Le temps est long et vous n'êtes pas là !

Mais le Lhondoo répond :

'Cha jig dy braa, cha jig dy braa !'

Ne viendra jamais, ne viendra jamais !

Alors le pauvre Oushag-reisht gémit :

« T'eh, tu as peur, tu as peur ! »

Il fait très froid, il fait très froid.

Puis le Merle continue son chemin.

BILLY BEG, TOM BEG ET LES FÉES

Non loin de Dalby, Billy Beg et Tom Beg, deux cordonniers à bosse, vivaient ensemble dans une ferme isolée. Billy Beg était plus intelligent et plus intelligent que Tom Beg, qui était toujours à ses ordres. Un jour, Billy Beg donna à Tom un bâton et dit :

"Tom Beg, va à la montagne et ramène le mouton blanc à la maison."

Tom Beg a pris le bâton et est allé à la montagne, mais il n'a pas pu trouver le mouton blanc. Enfin, alors qu'il était loin de chez lui et que le crépuscule approchait, il commença à penser qu'il valait mieux rentrer. La nuit était belle et des étoiles et un petit croissant de lune étaient dans le ciel. Aucun son n'était entendu à part le sifflement aigu du courlis. Tom se hâtait de rentrer chez lui et avait presque atteint Glen Rushen, lorsqu'une brume grise s'est accumulée et qu'il s'est égaré. Mais la brume ne tarda pas à se dissiper, et Tom Beg se retrouva dans un vallon vert comme il n'en avait jamais vu auparavant, bien qu'il pensait connaître tous les vallons à moins de huit kilomètres de lui, car il était né et avait grandi dans le quartier. Il s'émerveillait et se demandait où il pouvait être, lorsqu'il entendit un son lointain se rapprocher de lui.

« Oh, se dit-il, il y a bien plus que moi à pied dans les montagnes ce soir ; J'aurai de la compagnie.

Le son devint plus fort. D'abord, c'était comme le bourdonnement des abeilles, puis comme le bruit de la cascade de Glen Meay, et enfin comme la marche et le murmure d'une foule. C'était la fée hôte. Soudain, le vallon fut rempli de beaux chevaux et de petits gens qui les montaient, avec les lumières sur leurs bonnets rouges, brillant comme les étoiles au-dessus et rendant la nuit aussi lumineuse que le jour. Il y avait des klaxons, des drapeaux agités, de la musique et des aboiements de nombreux petits chiens. Tom Beg pensait qu'il n'avait jamais rien vu d'aussi splendide que tout ce qu'il y voyait. Au milieu de l'exercice, de la danse et du chant, l'un d'eux aperçut Tom, puis Tom vit venir vers lui le plus grand petit homme qu'il ait jamais vu, vêtu d'or et d'argent et de soie brillante comme une aile de corbeau.

"C'est un mauvais moment que vous avez choisi pour venir par ici", dit le Petit Homme, qui était le roi.

'Oui; mais ce n'est pas ici que je souhaite être, dit Tom.

Alors le roi dit : « Êtes-vous l'un des nôtres ce soir, Tom ?

«Je le suis sûrement», dit Tom.

« Alors, dit le roi, ce sera votre devoir de prendre le mot de passe. Il faut se tenir au pied du vallon, et au passage de chaque régiment, il faut prendre le mot d'ordre : c'est lundi, mardi, mercredi, jeudi, vendredi, samedi.

"Je ferai ça avec un cœur et demi", a déclaré Tom.

Au lever du jour, les violoneux prirent leurs violons, l'armée des fées se mit en ordre, les violoneux jouèrent devant eux hors du vallon, et cette musique était douce. Chaque régiment donnait le mot de passe à Tom au fur et à mesure : lundi, mardi, mercredi, jeudi, vendredi, samedi ; Et le dernier vint le roi, et lui aussi le donna : lundi, mardi, mercredi, jeudi, vendredi, samedi. Puis il appela en manx un de ses hommes :

« Enlevez la bosse du dos de cet homme », et avant que les mots ne soient sortis de sa bouche, la bosse fut arrachée du dos de Tom Beg et jetée dans la haie. Comme Tom était maintenant fier, qui se trouvait ainsi l'homme le plus hétéro de l'île de Mann ! Il descendit la montagne et rentra chez lui tôt le matin, le cœur léger et le pas impatient. Billy Beg se demanda beaucoup quand il avait vu Tom Beg si droit et si fort, et quand Tom Beg se fut reposé et rafraîchi, il raconta son histoire : comment il avait rencontré les Fées qui venaient chaque nuit à Glen Rushen pour faire de l'exercice.

La nuit suivante, Billy Beg emprunta la route de montagne et arriva enfin au vallon verdoyant. Vers minuit, il entendit le piétinement des chevaux, le fouet des fouets, les aboiements des chiens et un grand brouhaha, et voici, les fées et leur roi, leurs chiens et leurs chevaux, tous à l'exercice dans le vallon comme Tom Beg l'avait fait. dit.

Quand ils virent la baleine à bosse, ils s'arrêtèrent tous, et l'un d'eux s'avança et lui demanda très irritablement ce qu'il avait à faire.

«Je suis l'un de vous pour la nuit et je serais heureux de vous rendre service», dit Billy Beg.

Il était donc prêt à prendre le mot de passe : lundi, mardi, mercredi, jeudi, vendredi, samedi. Et au point du jour, le roi dit : « Il est temps pour nous de partir », et régiment après régiment arrivait donnant le mot de passe à Billy Beg : lundi, mardi, mercredi, jeudi, vendredi, samedi. Enfin vint le roi avec ses hommes et donna également le mot de passe : lundi, mardi, mercredi, jeudi, vendredi, samedi « ET DIMANCHE », dit Billy Beg, se croyant intelligent. Il y eut alors un grand tollé.

« Enlevez la bosse qui a été enlevée du dos de cet homme la nuit dernière et mettez-la sur le dos de cet homme », dit le roi, les yeux brillants, en désignant la bosse qui se trouvait sous la haie.

Avant que les mots ne soient complètement sortis de sa bouche, la bosse fut plaquée sur le dos de Billy Beg.

« Maintenant, dit le roi, partez, et si jamais je vous retrouve ici, je vous mettrai une autre bosse sur le devant ! »

Et là-dessus, ils s'éloignèrent tous avec un grand cri, et laissèrent le pauvre Billy Beg debout là où ils l'avaient trouvé, avec une bosse grandissant sur chaque épaule. Et il revint le lendemain en traînant un pied après l'autre, le visage desséché et croisé comme deux bâtons, avec ses deux bosses sur le dos, et si elles ne sont pas enlevées, elles sont toujours là.

LA FEMME PARESSEUSE

Eh bien, il était une fois une femme, et elle était scandaleusement paresseuse. Elle était si paresseuse qu'elle ne faisait rien d'autre que s'asseoir dans un coin du *chiollagh* pour se réchauffer ou se promener dans les maisons pour avoir des nouvelles toute la journée. Et un jour, son homme lui donne de la laine à filer pour lui ; il était terriblement mal loti en ce qui concerne les vêtements, car elle les laissait tous en lambeaux sur lui. Il lui avait dit de les réparer jusqu'à ce qu'il soit fatigué, mais tout ce qu'il pouvait sortir d'elle était « *Traa dy liooar* ». Assez de temps !

Un jour, il vient vers elle et lui dit :

'Tu *liggey mon hraa* , voici de la laine à filer, et si ce n'est pas fait dans un mois à partir de ce jour, je te jetterai sur le bord de la route. Toi et ton *Traa dy liooar* m'as laissé presque nu.

Eh bien, elle était trop paresseuse pour filer, mais elle faisait semblant de travailler dur lorsque son mari était à la maison. Elle avait l'habitude de poser la roue sur le sol tous les soirs avant que son mari ne rentre du travail, pour lui faire savoir qu'elle tournait.

Le mari lui demandait si le fil était sur le point d'être filé, car il disait qu'il voyait si souvent le tour par terre qu'il voulait savoir si elle en avait assez à apporter au tisserand. Quand il s'agissait de l'avant-dernière semaine, elle n'avait fait tourner qu'une seule balle, et celle-là était nouée et aussi grossière que des ajoncs. Quand son mari lui dit :

« Je vois souvent la roue s'agiter sur le sol quand je rentre à la maison le soir ; peut-être qu'il y a assez de fil filé sur toi maintenant pour que je l'apporte chez le tisserand la semaine prochaine ?

«Je ne sais pas du tout», dit la femme. « Peut-être que oui ; comptons les balles.

Puis la pièce a commencé ! Elle s'est dirigée vers le *voyou* et a lancé la balle à travers le trou jusqu'à lui.

« Compte toi-même et renvoie-moi les balles », dit-elle à l'homme. Et aussi vite qu'il lui lançait le ballon, si vite elle le lui lança à nouveau. Lorsqu'il eut compté le ballon, peut-être deux fois, elle lui dit :

"C'est tout ce qu'il y a dedans."

« Oh, vraiment, tu as bien filé, femme, pour tout », dit-il ; « Tu as fait beaucoup de choses pour le tisserand.

Oh, alors elle était dans une mauvaise passe et ne savait pas quoi faire pour se sauver. Elle savait qu'elle souffrirait si elle était découverte, mais elle ne trouvait rien.

Elle se souvint enfin du Géant qui vivait dans un endroit isolé au sommet de la montagne, car elle avait entendu dire qu'il était bon au travail, et la femme, se dit-elle :

«J'ai envie de me diriger vers lui.» Elle prit la route tôt le lendemain matin, elle et ses rouleaux de laine, et elle gravit les collines, descendit les branchies, jusqu'à ce qu'elle parvienne enfin à la maison du Géant.

« Que veux-tu ici ? dit le Géant.

«Je veux que tu m'aides», dit-elle; et elle s'est levée et lui a parlé de la pelote de fil et de tout.

«Je filerai la laine pour toi», dit le géant, «si tu me dis mon nom quand tu viendras chercher les bals dans une semaine à partir de ce jour. Es-tu satisfait ?

« Pourquoi ne devrais-je pas être satisfait ? dit la femme ; car elle pensait que ce serait une chose assez bizarre si elle ne pouvait pas découvrir son nom dans une semaine. Eh bien, la femme a essayé par tous les moyens de découvrir le nom du Géant, mais, peu importe où elle le pouvait, personne n'en avait jamais entendu parler. Le temps passait vite et elle n'était pas plus proche du nom du Géant. Enfin arriva l'avant-dernier jour.

Or, il se trouve que le mari revenait de la montagne ce jour-là, dans la petite soirée, et alors qu'il approchait de la maison du Géant, il vit tout cela dans un éclat de lumière, et il y eut un grand tourbillon et un grand sifflement qui parvint à son corps. oreilles, et avec cela vinrent des chants, des rires et des cris. Alors il s'approcha de la fenêtre, et alors il vit le grand géant à l'intérieur, assis devant une roue, tournant comme le vent, et ses mains volant avec le fil d'avant en arrière, d'avant en arrière, comme l'éclair, et il criait au sifflet. roue : « Tournez, roulez, tournez plus vite ; » et chante, roule, chante plus fort !'

Et il chante, tandis que la roue tourne de plus en plus vite :

« Snieu, queeyl, snieu ; 'rane, queeyl, 'rane;

Je dois nettoyer et nettoyer mon ciel.

Lheeish yn ollan, lhiams et snaie,

S'beg fys t'ec yn ven litcheragh

Tu es Mollyndroat mon ennemi !

Tournez, roulez, tournez ; chanter, rouler, chanter ;

Chaque poutre de la maison tourne au-dessus de votre tête.

Elle est la laine, la mienne est le fil,

Comme elle sait peu de choses, la femme paresseuse,

Que je m'appelle Mollyndroat !

Ce soir-là, quand le mari rentra à la maison, il était en retard et sa femme lui dit :

« Où étais-tu si tard ? As-tu entendu quelque chose de nouveau ?

Il a ensuite dit:

« Tu es moyennement bon pour te filer, *même toi* ; mais je pense qu'il y en a un qui est meilleur que toi, pour tous. Jamais, de toute ma vie, je n'ai vu un tel filage, un fil aussi fin qu'une toile d'araignée, et entendu un chant pareil à celui qui se passait ce soir dans la maison du Géant.

« Qu'est-ce qu'il chantait ? » dit la femme. Et il lui chanta la chanson :

Snieu, queeyl, snieu; 'rane, queeyl, 'rane;

Je dois nettoyer et nettoyer mon ciel.

Lheeish yn ollan, lhiams et snaie,

S'beg fys t'ec yn ven litcheragh

Dy re Mollyndroat mon ennemi!

Eh bien, la joie qu'a ressentie la femme en entendant la chanson !

« Oh, quelle douce musique ! Chante-le encore, mon brave homme, dit-elle.

Et il le lui chanta encore, jusqu'à ce qu'elle le sache par cœur.

Tôt le lendemain matin, elle alla aussi vite que ses pieds le pouvaient jusqu'à la maison du Géant. La route était longue et un peu solitaire sous les arbres, et pour garder son cœur elle chantait :

« Snieu, queeyl, snieu ; snieu, queeyl, snieu;

Dy chooilley vangan er y villey, snieu er my skyn.

S'lesh hene yn ollan, comme lesh my hene y snaie,

Fils shenn Mollyndroat cha voeu eh dy braa.'

Tournez, roulez, tournez ; tourner, rouler, tourner;

Chaque branche de l'arbre tourne au-dessus de votre tête.

La laine est à lui, le fil est à moi,

Car le vieux Mollyndroat ne comprendra jamais.

Lorsqu'elle arriva à la maison, elle trouva la porte ouverte devant elle et elle entra.

«Je reviens pour le fil», dit-elle.

« Aisy, aisy, bonne femme », dit le Géant. « Si tu ne me dis pas mon nom, tu n'auras pas le fil : c'était le marché. Et il dit : "Maintenant, quel est mon nom ?"

« Est-ce Mollyrea ? dit-elle – pour laisser entendre qu'elle ne le savait pas.

«Non, ce n'est pas le cas», dit-il.

« Êtes-vous l'un des Mollyruiy ? » dit-elle.

«Je ne fais pas partie de ce clan», dit-il.

« Est-ce qu'ils vous appellent Mollyvridey ? dit-elle.

«Ils ne le sont pas», dit-il.

« Je vous garantis que vous vous appelez Mollychreest ? dit-elle.

«Mais vous avez tort», dit-il.

« Vous vous appelez Mollyvoirrey ? dit-elle.

«Je ne le suis pas», dit-il.

« Peut-être que vous vous appelez Mollyvartin ? dit-elle.

«Et peut-être que ce n'est pas du tout le cas», dit-il.

« Ils disent, dit-elle, qu'il n'y avait que sept familles vivant sur l'île à la fois, et leurs noms commençaient tous par « Molly » ; et ainsi, dit-elle, si vous n'êtes pas une Mollycharaine, vous n'êtes pas du tout des raël, ou des Manx.

«Je ne suis pas une Mollycharaine», dit-il. « Maintenant, soyez prudente, femme ; la prochaine supposition est la dernière.

Alors elle fit semblant d'avoir peur et dit-elle lentement en le montrant du doigt :

'S'lesh hene yn ollan, comme lesh my hene y snaie,

Fils shenn—Moll- YN-DROAT cha voeu eh dy braa.'

La laine est à lui et le fil est à moi,

Pour les vieux—Moll- YN-DROAT ne l'aura jamais.

Eh bien, le Géant, il avait fini, et il était dans une rage rouge, et il crie :

« Pas de chance pour vous ! Tu n'aurais jamais découvert mon nom à moins d'être une *momig yn aishnee* .'

« Pas de chance pour toi, mon garçon, dit-elle, d'avoir tenté de voler la laine d'une femme élégante.

« Allez au Diable, vous et votre voyante », crie-t-il en se levant d'un bond et en lui lançant les balles.

Et je rentre à la maison avec elle et ses pelotes de fil. Et si elle n'a pas filé sa propre laine pour toujours, cela n'a rien à voir avec toi et moi.

LA SIRÈNE DE GOB NY OOYL

Il était une fois, au bas de Cornah Gill, une famille du nom de Sayle, et la sirène qui la hantait du côté de Bulgham était une amie pour eux. Ils avaient toujours de la chance et ne semblaient jamais manquer de rien. Effectivement, ils étaient pleins d'économies et, pour gagner du temps, ils fabriquaient des casiers à homards à partir de l'osier qui poussait en abondance, et ils trouvaient toujours un marché prêt. Ils élevaient une vache et quelques moutons, juste pour donner du travail aux femmes pendant les longues nuits d'hiver, mais ils gagnaient principalement leur vie grâce à la mer.

Il était bien connu que Sayle avait un grand goût pour les pommes et qu'il en emportait souvent avec lui dans le bateau, mais lorsqu'il grandissait en âge, il laissait une grande partie du travail du bateau aux garçons, puis la chance commença à diminuer, et bien souvent l'un d'eux dut prendre un fusil pour garder quelque chose dans la marmite. Puis les plus gros se sont attaqués aux harengs. L'un d'entre eux, Evan, cependant, devait rester sur place pour que les choses continuent, et il arriva qu'un jour, après avoir installé les nasses, juste à Bulgham, il tira le bateau et remonta le front chercher des œufs. En revenant au bateau, il entendit quelqu'un l'appeler et, regardant autour de lui, il aperçut une belle femme assise au bord d'un rocher.

« Et comment va ton père ? dit-elle. « C'est rarement qu'il vient par là maintenant. »

Le jeune Sayle était un peu effrayé au début, mais voyant une expression agréable sur son visage, il prit courage et lui raconta comment les choses se passaient à la maison. Puis, disant qu'elle espérait le revoir, elle se glissa dans l'eau et disparut.

En rentrant chez lui, il raconta ce qui s'était passé, et le père, le visage illuminé, déclara :

"Il y aura encore de la chance pour la maison."

Et il a dit:

"Prends des pommes avec toi la prochaine fois que tu monteras par là, et nous verrons."

La fois suivante, le jeune homme partit, il emporta quelques pommes avec lui, et lorsqu'il arriva à l'endroit où il avait vu la belle femme, il partit, comme d'habitude, à la chasse parmi les rochers. Puis il entendit un doux chant, et quand il se retourna, que vit-il sinon la Sirène penchée sur le bateau et souriant agréablement. Elle prit une pomme et commença à manger et à chanter :

La chance de la mer soit avec toi, mais n'oublie pas

D'apporter des œufs sucrés aux enfants de la mer.

À partir de ce moment-là, il vivait presque sur l'eau jusqu'à ce qu'enfin, il soit réprimandé pour son oisiveté. Il se décide alors à partir naviguer à l'étranger. La Sirène était en grande détresse, alors pour lui plaire, il alla planter un pommier sur le front au-dessus de son repaire, lui disant que lorsqu'il serait loin, cet arbre produirait des œufs terrestres qui, lorsqu'ils seraient doux et prêts à manger, venaient d'eux-mêmes à l'eau pour elle. Et bien sûr, la chance de la famille est restée, même si le garçon était parti.

Elle semblait bien supporter longtemps et on la voyait souvent assise sur les rochers le soir, chantant des chansons tristes et jetant des regards nostalgiques vers le pommier au-dessus. Elle restait très timide face à tout le monde qui venait vers elle, et finalement, trouvant les pommes lentes à arriver, elle se décida à partir à la recherche du jeune Sayle, espérant que les pommes seraient prêtes à être mangées à leur retour.

Mais ni l'un ni l'autre ne revint jamais, même si pendant de longues années le pommier porta des fruits et marqua le petit ruisseau où vivait la Sirène.

LA FEMME PERDUE DE BALLALEECE

Une fois, le fermier de Ballaleece épousa une belle jeune femme et ils pensaient beaucoup l'un à l'autre. Mais peu de temps après, elle disparut. Certaines personnes ont dit qu'elle était morte et d'autres qu'elle avait été emmenée par le Petit Peuple. Ballaleece la pleura le cœur lourd et la chercha de la pointe d'Ayr jusqu'au veau ; mais finalement, ne la trouvant pas, il épousa une autre femme. Celle-ci n'était pas belle, mais il y avait de l'argent chez elle.

Peu après le mariage, sa première femme apparut une nuit à Ballaleece et lui dit :

« Mon homme, mon homme, j'ai été emmené par le Petit Peuple et je vis avec eux près de chez toi. Je peux être libéré si vous le voulez, mais faites ce que je vous dis.

«Dis-moi vite», dit Ballaleece.

« Nous traverserons la grange Ballaleece vendredi à minuit », dit-elle. « Nous entrerons par une porte et sortirons par une autre. Je monterai derrière l'un des hommes à cheval. Vous balayerez la grange et faites attention, il ne reste plus une seule paille sur le sol. Attrapez ma bride, tenez-la fermement, et je serai libre.

La nuit venue, Ballaleece prit un balai et balaya le sol de la grange si proprement qu'il n'y resta pas une seule tache. Puis il attendit dans le noir.

À minuit, les portes de la grange s'ouvrirent en grand, une douce musique se fit entendre, et par la porte ouverte entra une belle compagnie de Petits Gens, en vestes vertes et casquettes rouges, montés sur de beaux chevaux. Sur le dernier cheval, assis derrière un petit garçon, Ballaleece voyait sa première femme aussi jolie qu'un tableau et aussi jeune qu'au moment où elle l'avait quitté. Il saisit les rênes de sa bride, mais il était secoué d'un côté à l'autre comme une feuille sur un arbre, et il ne parvenait pas à la retenir. En franchissant la porte, elle étendit la main droite et montra un boisseau dans le coin de la grange, et cria d'une voix triste :

« On a mis une paille sous le boisseau, c'est pour ça que tu n'as pas pu me retenir, et tu en as fini avec moi pour toujours !

La seconde épouse avait entendu ce qui s'était passé, elle avait caché la paille et elle avait retourné le boisseau pour qu'on ne le voie pas.

On n'a plus jamais entendu parler de la jeune épouse.

SMEREREE

La poule mouchetée et le petit poulet grattaient sous un pommier dans le jardin, et une pomme est tombée de l'arbre et a frappé le petit poulet à la tête. Et il dit à la poule mouchetée :

« Allons à Rome, car le monde est tombé.

« Qui t'a dit ça, petit poulet ? » dit la poule mouchetée.

« Ça m'est tombé sur la tête, Smereree ! »

Puis la poule mouchetée et le petit poulet poursuivirent leur chemin jusqu'à rencontrer le coq.

« Où vas-tu, poule mouchetée ? dit le coq.

"Je vais à Rome, car le monde est tombé", dit la poule mouchetée.

« Qui t'a dit ça, poule mouchetée ?

« Le petit poulet me l'a dit. »

« Qui t'a dit ça, petit poulet ? »

« Ça m'est tombé sur la tête, Smereree ! »

Ils poursuivirent donc leur chemin ensemble jusqu'à ce qu'ils rencontrent un regard.

« Où vas-tu, coq ? » dit le jars.

"Je vais à Rome, car le monde est tombé."

« Qui t'a dit ça, coq ? » » dit le jars.

"C'est la poule mouchetée qui me l'a dit."

« Qui t'a dit ça, poule mouchetée ?

« Le petit poulet me l'a dit. »

« Qui t'a dit ça, petit poulet ? »

« Ça m'est tombé sur la tête, Smereree ! »

Alors ils allèrent tous ensemble jusqu'à ce qu'ils rencontrèrent un taureau.

« Où vas-tu, jars ? dit le taureau.

"Je vais à Rome, car le monde est tombé."

« Qui t'a dit ça, jars ? »

« Le coq me l'a dit. »

« Qui t'a dit ça, coq ? »

"C'est la poule mouchetée qui me l'a dit."

« Qui t'a dit ça, poule mouchetée ?

« Le petit poulet me l'a dit. »

« Qui t'a dit ça, petit poulet ? »

« Ça m'est tombé sur la tête, Smereree ! »

Alors ils allèrent tous ensemble jusqu'à ce qu'ils rencontrèrent une chèvre.

« Où vas-tu, taureau ? dit la chèvre.

"Je vais à Rome, car le monde est tombé", dit le taureau.

« Qui t'a dit ça, taureau ? » dit la chèvre .

«Le jars me l'a dit.»

« Qui t'a dit ça, jars ? »

« Le coq me l'a dit. »

« Qui t'a dit ça, coq ? »

"C'est la poule mouchetée qui me l'a dit."

« Qui t'a dit ça, poule mouchetée ?

« Le petit poulet me l'a dit. »

« Qui t'a dit ça, petit poulet ? »

« Ça m'est tombé sur la tête, Smereree ! »

Alors ils sont tous allés ensemble jusqu'à ce qu'ils rencontrent un cheval.

« Où vas-tu, chèvre ? dit le cheval.

"Je vais à Rome, car le monde est tombé."

« Qui t'a dit ça, chèvre ? »

« Le taureau me l'a dit. »

« Qui t'a dit ça, taureau ? »

«Le jars me l'a dit.»

« Qui t'a dit ça, jars ? »

« Le coq me l'a dit. »

« Qui t'a dit ça, coq ? »

"C'est la poule mouchetée qui me l'a dit."

« Qui t'a dit ça, poule mouchetée ?

« Le petit poulet me l'a dit. »

« Qui t'a dit ça, petit poulet ? »

« Ça m'est tombé sur la tête, Smereree ! »

Ils partirent donc tous ensemble jusqu'à ce qu'ils arrivèrent à la maison du géant ; ils sont entrés dans la maison et le géant était absent. Ainsi le cheval passa sous la grande table, et le taureau passa sous le buffet, et la chèvre monta dans l'escalier, et tout le reste dans les coins.

Quand le géant revint à la maison, ils se jetèrent tous sur lui en même temps, et il y eut une guerre acharnée entre eux.

'Crampon! Crampon! Si je viens vers toi, dit le coq.

Il descendit enfin et arracha les yeux du géant, et ils le tuèrent, et ils vécurent tous ensemble dans sa maison.

Et s'ils ne sont pas morts, ils y vivent encore.

KÉBEG

Il y a un dub profond, ou pool, sur le ruisseau Ballacoan, que les enfants de Laxey appellent Nikkesen. C'est la maison de Nyker, le gobelin de l'eau. Il n'y a pas de fond ; et les ronces et les fougères poussent autour d'elle, et les sapins et les noisetiers la cachent à la vue. Aucun enfant, ni même aucun adulte, ne s'en approchera la nuit tombée.

Il y a de nombreuses années, une belle jeune fille habitant Ballaquine fut envoyée à la recherche des veaux égarés. Elle était arrivée chez Nikkesen lorsqu'elle crut entendre les veaux de l'autre côté de la rivière dans les couilles de Johnny Baldoon. Aussitôt elle se mit à les appeler :

'Kébeg ! Kebeg ! Kebeg ! » si fort qu'on pouvait l'entendre à Chibber Pherick, Patrick's Well. Les gens pouvaient entendre son appel très clairement, mais voici, une grande brume descendit et descendit la vallée et la ferma à la vue. Les gens d'un côté de la vallée pouvaient entendre sa voix crier à travers la brume :

'Kébeg ! Kebeg ! Kebeg ! »

Puis vint une petite voix douce à travers la brume et les arbres en réponse :

« Kebeg est là ! Kebeg est là !

Et elle s'écria :

'J'arrive'! J'arrive'!'

Et c'était tout.

Les Fées qui vivent chez Nikkesen l'avaient recueillie et transportée jusqu'à leur propre maison.

On n'a plus jamais entendu parler d'elle.

LA FÉE ENFANT DE CLOSE NY LHEIY

Une fois, il y avait une femme nommée Colloo, à Close ny Lheiy, près de Glen Meay, et elle avait un enfant qui était tombé malade d'une étrange manière. Rien ne semblait mal chez lui, et pourtant il grandissait de plus en plus, *nyying nyanging* nuit et jour. La femme était dans une grande détresse. Les sortilèges avaient échoué et elle ne savait pas vraiment quoi faire.

Il semble que vers l'âge de quinze jours, l'enfant, aussi bel enfant pour son âge qu'on en verrait au cours d'une journée de promenade, fut laissé endormi pendant que la mère allait au puits chercher de l'eau. Maintenant, elle-même avait oublié de mettre les pinces sur le berceau, et quand elle revenait, l'enfant pleurait pitoyablement, et il n'y avait aucun moyen de le calmer. Et à partir de cette heure même, la chair parut fondre de ses os jusqu'à ce qu'il devienne un enfant aussi laid et aussi ratatiné qu'on en verrait entre la pointe d'Ayr et le veau. Il fut ainsi, ses hurlements remplissant la maison, pendant quatre ans, allongé dans son berceau sans qu'il ait le moindre mouvement pour mettre ses pieds sous lui. Pas un jour de repos ni une nuit de sommeil n'ont permis à la femme de passer ces quatre années avec lui. Elle fut assez flagellée jusqu'à ce qu'arrive un beau jour du printemps, pendant que Hom Beg Bridson, le tailleur, cousait dans la maison. Hom est mort maintenant, mais nombreux sont ceux qui se souviennent encore de lui. Il était extrêmement sage, car il allait de maison en maison en cousant et en rassemblant de la sagesse au fur et à mesure.

Eh bien, avant ce jour, le tailleur voyait beaucoup de méchanceté chez l'enfant. Quand la femme était dehors pour nourrir les vaches et les cochons, il levait la tête hors du berceau et faisait des grimaces au tailleur, clignant de l'œil et lissant, secouant la tête et disant : « Quel garçon je suis !

Ce jour-là, la femme voulut aller au magasin pour vendre quelques œufs qu'elle avait et elle dit au tailleur : " Hom, mec, garde un oeil sur le chili pour que le bogh ne tombe pas du berceau et ne se blesse pas ". lui-même, pendant que je descends au magasin.

Quand elle fut partie, le tailleur se mit à siffler, doucement et lentement, tout en cousant, l'air d'un petit hymne.

« Laissez tomber ça, Hom Beg », dit une petite voix dure.

Le tailleur, scandalisé, regarda autour de lui pour voir si c'était l'enfant qui avait parlé, et c'était le cas.

« Chut, chut, maintenant ; couchez-vous quate, dit le tailleur en balançant le berceau avec son pied, et tout en le balançant, il sifflait l'air de l'hymne plus fort.

« Laissez tomber ça, Hom Beg, je vous le dis, et donnez-nous quelque chose de léger et de pratique », lui dit le petit gars, moyennement aigu.

« Oh, n'importe quoi pour te plaire », dit le tailleur en sifflant une gigue.

« Hom, » dit mon garçon, « peux-tu danser n'importe quoi sur ça ?
«Je peux», dit le tailleur. "Tu peux?"
«Je peux ça», dit mon garçon. « Voudrais-tu me voir danser ?
«Je le ferais», dit le tailleur.
« Alors, prends ce violon, Hom, mec, » dit-il ; 'et' mis "L'air de la Grande Roue" dessus.'
"Oh, je vais faire ça pour toi, et bienvenue", dit le tailleur.
Le violon lâche son crochet au mur et le tailleur s'accorde.
« Hom, » dit le petit gars, « avant de commencer à jouer, débarrasse-moi de la cuisine – bravo et tabourets, tout de suite – fais-moi un endroit pour sortir au son de la musique, mec.
"Oh, je ferai ça pour toi aussi", dit le tailleur. Il a dégagé le sol de la cuisine, puis il a entonné « Tune y wheeyl vooar ».
Dans un craquement, le petit bonhomme sauta de son berceau sur le sol avec un « Chu ! et commença à voler autour de la cuisine.
« Allez-y, Hom – faites face à votre partenaire – le talon et la pointe le font. Bravo, Hom – plus de pouvoir pour ton Elbe, mec.
Hom joue de plus en plus vite, jusqu'à ce que mon garçon saute jusqu'à la table. Avec un « Chu ! » son pied repose sur la commode et "Chu!" puis au-dessus de la cheminée, et « Chu ! » cogner contre la cloison ; puis il volait à moitié, faisait le tour de la cuisine à moitié à pied, se retournant et allant si vite que Hom avait un vertige dans la tête de le regarder. Puis il faisait tournoyer tout pour obtenir un espace libre, même Hom lui-même, qui peu à peu se lève sur la table dans le coin et joue de plus en plus sauvagement et plus vite, à mesure que la gigue tourbillonnante devient de plus en plus folle et plus rapide.

« M'ouais ! » dit le tailleur en jetant le violon. "Je dois courir", tu n'es pas le Chili qui était dans le berceau ! Vraiment ?

'Houl' mec ! tu as raison, dit le petit bonhomme. « Frappez pour moi – faites du has'e, faites du has'e, mec – continuez à faire courir votre elbe. »

« Chut ! » dit le tailleur, la voici elle-même qui arrive.

La danse cessa brusquement. L'enfant fit un saut, sautilla et sauta dans le berceau.

« Continue ta couture, Hom ; ne dis pas un mot, dit le petit gars en se couvrant de ses vêtements jusqu'à ce qu'il ne reste plus rien de lui, sauf ses yeux, qui étaient exorbités comme ceux d'un furet.

Quand elle-même entra dans la maison, le tailleur, tout tremblant, était assis les jambes croisées sur la table ronde et ses lunettes sur le nez et laissait entendre qu'il était occupé à coudre ; l'enfant dans le berceau souriait et pleurait comme d'habitude.

"Qu'est-ce qui se passe dans tout le monde terrestre" ——— ! Mais c'est la couture carrée, en tout, ça s'est passé ici, et moi dehors. Et comment peux-tu voir l'aiguille dans ce coin sombre, Hom Bridson, et encore moins coudre, ça me dégoûte, dit-elle en contournant l'endroit. « Eh bien, eh bien… alors, eh bien, eh bien… sur le boghee millish. Qu'est-ce qu'il se passe en ce moment ? Pensait-il que maman était partie et l'avait quitté à ce moment-là, le chere ? Mais maman va le nourrir.

Le tailleur avait longuement réfléchi à ce qu'il devait faire, alors il dit :

« Écoute, femme, ne lui donne rien du tout, mais va chercher un peu de bon gazon et un peu de fougère.

Elle a apporté le gazon et y jette un bouquet de fougères.

Le tailleur sauta de la table jusqu'au sol, et il ne fallut pas longtemps avant qu'il ait le bon feu.

« Tu mettras le feu à la maison pour moi, Hom », se dit-elle.

— Ne vous inquiétez pas, mais je vais en virer quelques-uns, dit le tailleur. L'enfant, les deux yeux sortis de la tête guettant ce que le tailleur allait faire, transformait peu à peu son hurlement plaintif en une sorte d'appel aux siens pour qu'ils viennent le chercher, c'est comme.

"Je te renvoie à la maison", dit le tailleur en s'approchant du berceau, et il étend ses deux mains pour prendre l'enfant et le mettre sur le grand feu de gazon rouge.

Avant qu'il ait pu mettre la main sur lui, le petit bonhomme sauta hors du berceau et se dirigea vers la porte.

« Mon dos est à portée de main et ma plante des pieds est à toi ! » dit-il, si seulement j'avais eu une autre nuit, j'aurais pu te montrer encore un tour ou deux de plus.

Alors la porte s'ouvrit avec fracas, comme si quelqu'un l'avait ouverte, et il s'enfuit comme un coup de feu. Un brouhaha de rires et de moqueries se faisait entendre dehors, ainsi que le bruit de nombreux petits pieds qui couraient. Elle sort elle-même par la porte de la maison, et Hom après elle ; ils ne voient personne, mais ils aperçurent une volée de nuages bas en forme de mouettes se poursuivant jusqu'à Glen Rushen, puis vinrent à leurs oreilles, comme au loin des nuages, des sifflements aigus et de petits rires méchants comme si on se moque d'eux. Puis, alors qu'ils se retournaient pour revenir, elle aperçoit soudain juste devant elle, son propre enfant doux, rose et souriant, le pouce dans la bouche, allongé sur un talus moussu. Et elle a pris toute la joie du monde de l'enfant qu'il soit de retour sain et sauf.

- 46 -

LES PETITES EMPREINTES

Près du Niarbyl, la grande queue de rocher qui s'étend dans la mer à Dalby, se trouve une petite maison sur la grève. Il est abrité en arrière par le haut rocher qui s'élève au-dessus de son toit de chaume. Devant elle se trouve Bay Mooar, la grande baie, retenue par une chaîne de montagnes pourpres de lingues. Debout devant sa porte et regardant vers l'ouest, vous pourrez voir le soleil se coucher derrière les lointaines montagnes Mourne. À l'aube, vous pourrez le voir s'élever au-dessus de Cronk-yn-Irree-Laa, la colline du jour levant. Ici vivait Juan, le pêcheur.

Il savait, aussi bien que quiconque, que le Petit Peuple était partout. Lorsqu'il était enfant, il avait souvent regardé par la porte les nuits de clair de lune pour essayer de les apercevoir en train de danser sur le rivage solitaire. Il ne les avait pas vus : ils se rendent invisibles lorsqu'ils savent que des yeux mortels sont fixés sur eux. Mais il avait vu dans la baie les minuscules phares de leur flotte de harengs et avait aidé son père à remonter les filets pleins de bons poissons, qui étaient sûrs d'être attrapés la nuit suivante. Bien des fois, il s'était réveillé dans l'obscurité et, dans les pauses du vent et l'accalmie des grandes vagues, il avait entendu le bruit d'un martèlement. Il savait que c'était le Petit Peuple qui martelait ses tonneaux de hareng à Ooig-ny-Seyir, la Grotte des Tonneliers, sous les collines, et que lorsque les copeaux s'envolaient vers les vagues, ils devenaient des navires.

Il avait entendu l'histoire du pêcheur, un ami de son père, qui pêchait une nuit à Lag-ny-Keilley, lorsqu'une épaisse brume grise entra. Il pensa qu'il ferait mieux de rentrer chez lui pendant que le sentier au-dessus des rochers était ouvert. visible. Alors qu'il préparait ses affaires, il entendit ce qui ressemblait à beaucoup d'enfants sortant de l'école. Il leva la tête et voici, il y avait une flotte de bateaux féeriques de chaque côté du rocher, leurs phares brillant comme de petites étoiles par une nuit glaciale. Les équipages semblaient occupés à se préparer à débarquer, et il entendit un petit bonhomme crier :

« Hraaghyn boght as earish broigh, skeddan dy liooar ec yn mooinjer seihll shoh, cha nel veg ain ! »

Mauvais temps et sale temps, assez de hareng pour les gens de ce monde, rien pour nous !

« Puis, dit le pêcheur, ils sont descendus et sont allés en agate sur les papillons. »

Quand Juan était un grand garçon, il a lui-même vu une chose qu'il n'a jamais oubliée. Un jour, il laissa un bateau de l'autre côté de la baie Mooar et, la nuit, il dut aller le chercher. C'était une nuit au clair de lune et la baie était aussi lisse que du verre alors qu'il la traversait à la rame. Il n'y avait que le clapotis des petites vagues sur le rivage, et de temps en temps le cri d'un fou de Bassan. Juan retrouva son bateau sur la grève où il l'avait laissé et se mettait à la mettre à l'eau , lorsqu'il crut apercevoir une lumière scintillante, qui n'était pas la lumière de la lune, dans une des grottes voisines de lui. Il resta là où il était et écouta, et il entendit le son d'une musique faible. Puis il se dirigea aussi silencieusement qu'il le pouvait vers la grotte et regarda à l'intérieur. Il n'y avait aucune lumière à part la faible lumière de la lune. Les ombres dans les coins de la grotte étaient aussi noires que la poix.

Juan tremblait de tout son corps et, au début, il clignait des yeux et ne voyait rien. Mais après quelques minutes, il aperçut une grosse pierre au milieu de la grotte et du sol de sable fin et blanc. Et sur le sable autour de cette pierre, il y avait de petites empreintes de pas – des marques de minuscules sabots, pas plus grosses que son pouce !

LE GRAND HOMME DE BALLACURRY

Tom Craine rentrait chez lui à minuit de la mine Bradda à son domicile de Colby. La route était solitaire et il ne rencontra personne, mais la pleine lune brillait et il faisait aussi clair que le jour. Alors qu'il commençait à passer sous les arbres qui poussent autour de la maison de Ballacurry, un petit chien surgit soudain de l'ombre noire au bord de la route et le suivit sur ses talons. Il la siffla, mais alors qu'il tournait la tête pour la regarder, elle courut devant lui et pendant une minute il ne la vit pas. Lorsqu'il le revit, il fut terrifié de voir qu'il était devenu plus gros – aussi gros qu'une chèvre – et il devenait de plus en plus gros jusqu'à atteindre la taille d'un âne ! Elle galopa devant lui et disparut au détour du chemin où se trouve la porte de Ballacurry. Quand Tom arriva au portail, il vit un homme très grand et mince appuyé dessus, les bras croisés dessus. La bête n'était pas là. Alors que Tom atteignait la porte, le grand homme mince se tourna et remonta le long chemin qui mène à la maison. Lorsqu'il arriva à la porte, il se tourna de nouveau et redescendit le chemin vers Tom. Au clair de lune, Tom aperçut le volant de dentelle autour de son cou, le satin de sa culotte, la soie de ses bas et les boucles brillantes de ses chaussures, la robe d'autrefois. Son visage était blanc et affreux. Tandis que Tom regardait, il fut tout d'un coup pris de terreur et s'enfuit aussi vite qu'il le pouvait sur la route de Colby.

Il n'était pas allé bien loin lorsqu'il rencontra deux de ses amis, Ben Mylechreest et Bill Teare. Il leur raconta ce qu'il avait vu, et ils se moquèrent de lui et ne voulurent pas croire qu'il avait vu une chose pareille. Ils lui dirent qu'ils l'accompagneraient jusqu'à la porte, alors ils rebroussèrent chemin tous les trois. Lorsqu'ils arrivèrent à la porte, ils virent le grand homme, grand comme deux hommes, qui remontait le chemin en leur tournant le dos. Comme auparavant, lorsqu'il atteignit la porte, il se retourna : ce qu'ils virent, ils ne le dirent à personne !

Ils prirent la fuite tous les trois et coururent jusqu'à ne plus pouvoir courir. Ils tremblaient de la tête aux pieds et la sueur coulait d'eux. Ils étaient trop terrifiés pour rentrer chez eux, alors ils se rendirent avec Tom et dormirent tous les trois dans le même lit.

L'HISTOIRE DE LA FÉE COCHON DE NED QUAYLE

Quand j'étais petit, nous vivions près de Sloc. Un jour, quand j'avais six ans, ma mère et ma grand-mère sont allées faire du foin dans la montagne et je suis restée seule. Il se faisait assez tard et ils n'étaient pas revenus, alors j'ai eu peur et j'ai commencé à gravir la montagne pour essayer de les retrouver. Je n'étais pas allé bien loin lorsque j'aperçus courir devant moi un petit cochon blanc comme neige. Au début, j'ai cru que c'était le cochon d'un voisin et j'ai essayé de l'attraper, mais il s'est enfui et j'ai couru après lui. Au fur et à mesure, je vis qu'il ne ressemblait pas à un cochon ordinaire : sa queue était plumeuse et déployée comme un éventail, et il avait de longues oreilles qui balayaient la lingue. De temps en temps, il tournait la tête et me regardait, et ses yeux brûlaient comme du feu. Nous sommes montés de plus en plus haut dans la montagne, et tout d'un coup, je me suis retrouvé au bord d'un front abrupt et j'étais presque terminé. Je me suis retourné juste à temps et j'ai couru aussi fort que possible pour descendre la montagne, suivi du cochon. Quand j'ai regardé par-dessus mon épaule, j'ai vu qu'il sautait par-dessus les grosses pierres et les rochers à flanc de montagne comme s'il s'agissait de mégots de lingue. Je pensais que ça m'attraperait; il était tout près derrière moi lorsque j'ai couru vers la porte de notre jardin, mais j'étais juste à temps et j'ai claqué la porte dessus.

J'ai raconté à ma mère et à ma grand-mère ce qui s'était passé, et ma grand-mère a dit que c'était une fée cochon. Je n'étais pas comme moi ce soir-là ; Je ne pus souper, et je me mis bientôt au lit ; Je ne pouvais pas dormir, mais je restais allongé ; et il était brûlant. Au bout d'un moment, ma mère a ouvert la porte pour voir si je dormais, et quand elle m'a regardé, SES YEUX étaient comme ceux d'un cochon. J'ai senti une vive douleur traverser ma jambe droite comme un coup de couteau. Après cela, la douleur ne m'a plus quitté ; c'était si grave que je ne pouvais pas supporter qu'on me touche et je ne pouvais rien manger. Mon état empirait de plus en plus, et après quelques jours, mon père m'a dit qu'il m'emmènerait chez un charmeur à Castletown. Ils m'ont soulevé dans le drap, quatre hommes prenant les quatre coins, et m'ont porté jusqu'à une charrette. Je n'oublierai jamais les secousses et les secousses que j'ai eues dans ce chariot. Quand nous sommes arrivés à Castletown, j'étais plus mort que vivant.

Le Charmeur vivait dans Arbory Street et ils m'ont emmené chez lui. Quand il m'a vu, il m'a dit qu'ils devaient tous s'en aller et me laisser seule avec lui, alors mon père et ma mère sont allés m'attendre au George. Le Charmeur m'a emmené dans une chambre à l'étage et a renvoyé sa femme, m'a allongé par terre et a verrouillé la porte. Puis il a pris un gros livre et l'a posé par terre à côté de moi. Il l'a ouvert sur l'image d'une petite plante - je peux voir la plante encore aujourd'hui - et il a montré de la main gauche l'image, et de la main droite il a fait le signe de croix sur ma jambe, à l'endroit où le coup de couteau s'est produit. m'a traversé et a dit :

'Ta mee skeaylley yn guin shoh ayns ennym yn Ayr, comme y Vac, comme y Spyryd Noo, Ned Quayle. My she guin, ayns ennym y Chiarn, ta mee skealley eh ass yn eill, ass ny fehyn, as ass ny craueyn', ce qui signifie en anglais — j'ai diffusé ce cliché féerique au nom du Père et du Fils, et du Saint-Esprit, Ned Quayle. Si c'est un coup de fée, au nom du Seigneur, je l'étale hors de la chair, hors des tendons et hors des os. À ce moment-là, la douleur m'a quitté. J'avais très faim et la femme du Charmeur m'a mis à table et m'a donné à dîner. Le Charmeur est allé chercher mon père et ma mère, et quand ils sont entrés, je mangeais comme deux.

Le Charmeur a dit à ma mère que je ne devais plus aller seul sur la montagne entre les lumières. La douleur n'est jamais revenue. Je suis en bonne santé depuis ce jour jusqu'à aujourd'hui, mais j'ai la marque sur ma jambe où le coup de couteau a traversé, aussi claire que du verre jusqu'à l'os.

SCÈNE : UN VILLAGE

Blackbird chante pour la jolie fille de l'aubergiste.

Kione Jiarg, Kione Jiarg,

Apyrn doo, Apyrn doo,

Vel oo cheet ? Vel oo cheet ?

Skee fieau, skee fieau,

Lhondoo, Lhondoo.

Rousse Rousse,

Tablier noir, tablier noir,

Viens-tu? Viens-tu?

Fatigué d'attendre, fatigué d'attendre,

Merle, merle.

PAYS-CUISSE

Il y a plus de huit cents ans, à l'époque d'Olaf Goddardson, le baron Kitter, le Norvégien, vivait à Mann. Il avait son château au sommet de Barrule, et il passait tout son temps à chasser les bisons et les élans qui se trouvaient alors sur l'île, jusqu'à ce qu'il les ait tous tués. Alors les gens commencèrent à avoir peur qu'il poursuive leur bétail et les ronronnements des montagnes, et ne leur laisse aucune bête, alors ils allèrent voir les sorcières les plus sages de l'île, pour voir ce qu'elles pouvaient faire.

Un jour, le baron Kitter était allé au Calf pour y chasser le cerf élaphe, laissant son cuisinier, Eaoch of the Loud Voice, au château pour préparer son dîner. Eaoch a mis le pot sur le feu puis s'est endormi à cause de son travail. Pendant qu'il dormait, la sorcière Ada jeta un sort sur la marmite et la graisse bouillonna dans le feu. Bientôt, la maison fut en flammes. Eaoch s'est réveillé et a crié à l'aide de toute sa voix, et ses cris étaient si forts qu'ils ont atteint les oreilles de Kitter et de ses compagnons chasseurs, dix milles plus loin sur le Calf.

Lorsque Kitter entendit les cris et vit les flammes au sommet de Barrule, il se dirigea vers la plage de toutes ses forces et partit dans un petit bateau pour l'île, avec la plupart de ses amis. Alors qu'ils se trouvaient dans le fort courant à mi-chemin de la traversée du canal, le bateau a heurté un rocher et ils se sont tous noyés, et le rocher a depuis été appelé Kitterland. Le reste des amis de Kitter, qui étaient restés sur le Calf et avaient ainsi sauvé leur vie, pensaient qu'Eaoch, le cuisinier, avait comploté avec les sorcières de l'île pour éliminer tous les Norvégiens de Mann, alors ils l'ont amené devant Le roi Olaf devait être jugé et condamné à mort. Mais selon la coutume norvégienne, il était autorisé à choisir comment il allait mourir.

Il a ensuite dit:

« Je souhaite que ma tête soit posée sur l'une des jambes de Votre Majesté, et là coupée par l'épée de Votre Majesté Macabuin, qui a été fabriquée par Loan Maclibuin, le Noir Forgeron de Drontheim !

Tout le monde savait que l'épée du roi pouvait couper le granit le plus dur, seulement en le touchant avec son tranchant, et ils supplièrent tous Olaf de ne pas faire ce que le rusé Eaoch demandait. Mais le roi ne faillit pas à sa parole et ordonna que tout se fasse comme le cuisinier l'avait dit.

Mais la sorcière Ada était là et elle leur dit de prendre des peaux de crapaud, des brindilles d'arbre à cuirn et des œufs de vipères, neuf fois neuf de chaque, et de les mettre entre la jambe du roi et la tête du cuisinier. Ils firent cela, puis la grande épée Macabuin, fabriquée par Loan Maclibuin, fut levée avec le plus grand soin par l'un des fidèles serviteurs du roi et posée doucement sur le cou du cuisinier, mais avant qu'elle puisse être arrêtée, la tête d'Eaoch fut coupée de son corps. et les œufs des vipères et les brindilles de cuirn furent également coupés ; seules les peaux des crapauds sauvèrent la jambe du roi.

Lorsque le Forgeron Noir apprit comment le pouvoir de la grande épée Macabuin avait été stoppé par la sorcellerie, il fut très en colère et appela son homme-marteau, Hiallus-nan-urd, qui avait perdu une jambe alors qu'il aidait à fabriquer le marteau. épée. Il l'envoya immédiatement au château de Peel pour défier le roi Olaf, ou l'un de ses hommes, dans une course à pied de Peel à Drontheim. Le roi Olaf lui-même releva le défi et ils partirent. Par-dessus les montagnes et à travers les branchies, ils marchaient aussi vite qu'ils le pouvaient, et l'unijambiste aussi vite que le roi. Après avoir traversé l'île, ils prirent chacun la mer sur un voilier, et arrivèrent chacun en vue de Drontheim au même moment. Lorsqu'ils approchèrent de la forge, l'homme-marteau, qui était devant, appela Loan pour qu'il ouvre la porte, et Olaf lui cria de la fermer, puis, dépassant Hiallus, entra le premier dans la forge.

Pour montrer qu'il n'était pas du tout fatigué après sa promenade, Olaf prit le gros marteau de la forge et frappa l'enclume d'un coup si puissant qu'il la fendit ainsi que le bloc situé en dessous. Quand Emergaid, la fille de Loan, vit la force et la puissance d'Olaf, elle l'aimait ; et pendant que son père remettait le bloc et l'enclume, elle murmura au roi :

« Mon Père fait cela pour qu'il puisse terminer l'épée qu'il fabrique. Il a été prédit que le premier sang qu'elle verserait serait le sang royal, et il a juré que ce sang serait le vôtre.

« Mais votre père n'est-il pas le septième fils du vieux Windy Cap, roi de Norvège ? s'écria Olaf.

«Il l'est», dit Emergaid.

"Alors la prophétie s'accomplira", dit Olaf, et il enfonça l'épée dans le cœur de Loan, puis tua également l'Homme-Marteau avec elle.

Il a fait d'Emergaid sa reine et ils ont régné ensemble, et d'eux sont issus une longue lignée de rois de Mann.

TEEVAL, PRINCESSE DE L'OCÉAN

Autrefois Culain, le forgeron des dieux, vivait sur l'île de Mann. C'était l'époque où Conchubar était à la cour du roi d'Ulster et n'avait rien d'autre que l'épée à la main. C'était un beau et beau jeune homme, et il avait décidé de devenir roi. Il se rendit donc un jour chez le druide de Clogher pour lui demander ce qu'il valait mieux faire.

« Va, dit le druide, vers l'île de Mann. Là tu trouveras le grand forgeron Culain. Demande-lui de te fabriquer une épée, une lance et un bouclier, et avec cela tu gagneras le royaume d'Ulster.

Conchubar s'en alla, loua un bateau et partit en mer. Il atterrit à Mann et se dirigea directement vers la forge de Culain. Il faisait nuit quand il arriva, et la lueur rouge de la fournaise brillait dans l'obscurité. Il entendait de l'intérieur de la forge le rugissement des soufflets et le cliquetis du marteau sur l'enclume. Lorsqu'il s'approcha, un gros chien, gros comme un veau, se mit à aboyer et à grogner comme le tonnerre, et fit sortir son maître.

« Qui es-tu, jeune homme ? a-t-il dit.

« Ô Culain ! s'écria Conchubar, c'est du druide de Clogher que je viens, et il m'a demandé de te demander de me fabriquer une épée, une lance et un bouclier, car ce n'est qu'avec les armes de ta fabrication que je pourrai gagner le royaume d'Ulster.

Le visage de Culain devint d'abord noir, mais après avoir regardé Conchubar pendant un moment, il vit qu'il avait autour de lui l'air de quelqu'un qui irait loin, et il dit :

"Cela sera fait pour toi, mais tu dois attendre, car le travail est long."

Culain commença donc à fabriquer les armes et Conchubar attendait sur l'île.

Tôt, un brave matin de mai, alors que le soleil venait de se lever sur Cronk-yn-Irree-Laa, il marchait sur la plage, se demandant combien de temps Culain allait encore fabriquer ses armes et pensant qu'il était temps pour lui de revenir. . La marée descendait et le soleil brillait sur le sable mouillé. Soudain, il aperçut quelque chose qui brillait au bord des vagues, à quelques pas de lui. Il courut vers elle et voici, c'était la plus belle femme qu'il ait jamais vue, profondément endormie. Ses cheveux étaient dorés, comme les ajoncs en fleurs ; sa peau plus blanche que l'écume de la mer, ses lèvres rouges comme le corail et ses joues roses comme les petits nuages qui volaient devant la face du soleil levant. La frange de sa robe, composée de nombreuses algues colorées, montait et descendait au gré du flux et du reflux des vagues. Des perles brillaient sur son cou et ses bras. Conchubar se leva et la regarda. Il savait qu'elle était une sirène et que dès qu'elle se réveillerait, elle retournerait dans l'océan et serait perdue pour lui. Alors il la lia solidement avec sa ceinture.

Puis elle se réveilla et ouvrit les yeux, qui étaient bleus comme la mer, et quand elle vit qu'elle était attachée, elle s'écria avec terreur : « Lâche-moi, homme, lâche-moi !

Conchubar ne répondit pas, alors elle répéta : « Lâche-moi, je t'en prie ! d'une voix aussi douce que la musique de Hom Mooar, la Fée Fiddler.

À ce moment-là, Conchubar sentait qu'il donnerait tout ce qu'il avait pour la garder. Il répondit en tremblant : « Femme, mon cœur, qui es-tu ?

«Je suis Teeval, princesse de l'Océan», dit-elle. « Libère-moi, je te prie. »

"Mais si je te libère," dit Conchubar, "tu me quitteras."

« Je ne peux pas rester avec toi, Conchubar », s'écria-t-elle ; 'libère-moi, et je te ferai un cadeau précieux.'

«Je vais te perdre», répondit Conchubar. "Ce n'est pas pour le cadeau, mais parce que je ne peux pas te résister."

Il lui détacha la ceinture et elle dit : « Mon cadeau pour toi est le suivant : va maintenant voir Culain qui fabrique ton bouclier, et dis-lui que Teeval, princesse de l'Océan, lui ordonne de mettre sa silhouette sur le bouclier et autour. c'est pour graver son nom. Alors tu le porteras toujours au combat, et quand tu regarderas mon visage et appelleras mon nom, la force de tes ennemis les quittera et entrera en toi et tes hommes. Après avoir dit cela, elle agita son bras blanc vers Conchubar et s'enfonça dans les vagues. Il regarda longuement avec tristesse l'endroit où elle avait disparu, puis se dirigea lentement vers la forge de Culain et lui remit le message.

Culain acheva le puissant bouclier comme la princesse l'avait dit, et forgea également pour Conchubar une épée magique à poignée d'or et une lance sertie de pierres précieuses. Alors Conchubar, dans son manteau cramoisi et sa tunique brodée d'or blanc, et armé de son grand bouclier et de ses armes puissantes, retourna en Irlande.

Tout ce que la Princesse de l'Océan avait dit s'est réalisé. Lorsqu'il partait au combat, il regardait le beau visage dans son bouclier et criait « Au secours, Teeval ».

Puis il sentit une force lui venir comme celle d'un géant, et il coupa ses ennemis comme de l'herbe. Peu de temps après, il devint célèbre dans toute l'Irlande pour ses grandes actions et devint finalement roi d'Ulster. Puis il invita Culain à venir vivre dans son royaume et lui donna pour demeure la plaine de Murthemny.

Mais il n'a plus jamais revu la charmante sirène.

- 57 -

LE PALAIS DU SORCIER

Il y a des centaines d'années, il y avait un beau palais sur une montagne s'élevant de la mer. C'était comme un palais dans un rêve, construit de marbre brillant de toutes les couleurs et ayant de grandes portes recouvertes d'or.

Là vivait le puissant sorcier qui l'avait construit lui-même grâce à ses sorts. Mais sa haine envers les autres était aussi grande que sa puissance, et il ne permettait à personne de s'approcher de lui, sauf à ses propres serviteurs, et c'étaient de mauvais esprits. Si quelqu'un osait aller voir le palais, demander du travail ou mendier l'aumône, on n'entendrait plus jamais parler de lui. Ses amis pourraient le chercher, mais ils ne le trouveraient jamais. Bientôt, les gens commencèrent à chuchoter que certains blocs de granit près du palais ressemblaient à des hommes qui avaient gravi la montagne et n'étaient jamais revenus. Ils commencèrent à croire que le Sorcier les avait attrapés et congelés en pierre grise. Finalement, le sorcier devint la terreur de toute l'île, de sorte que personne ne pouvait passer à moins de plusieurs milles de son palais. Les habitants de cette partie de l'île ont fui leurs maisons et l'endroit était solitaire et désolé.

Les choses durent ainsi pendant trois ans, jusqu'au jour où un pauvre homme qui parcourait les maisons voyageait de ce côté de l'île, ne sachant rien de ce sorcier. Sa route le conduisit à travers la montagne où vivait le Sorcier, et alors qu'il s'en approchait, il fut étonné de voir l'endroit si silencieux et désolé. Il attendait avec impatience la nourriture et le logement habituels, ainsi que l'accueil amical, mais il trouva les maisons vides en ruines et les gentils gens de la campagne partis. Et où étaient la paille et le foin qui formaient un lit si douillet dans la grange ? Les mauvaises herbes et les pierres gisaient en masse dans les champs. La nuit est venue sur lui, et il a marché et marché ; mais il ne trouvait jamais le moindre abri, et il ne savait pas où aller chercher un lit. «C'est une nuit moyennement sombre», pensa-t-il; mais il vaut mieux continuer que revenir : une route sur laquelle un corps est habitué ne lui pose aucun problème, qu'il fasse nuit ou non. Il voyageait sur l'ancienne route à travers la montagne, avançant en chantant « Colcheragh Raby » pour lui-même, et après un long moment, il aperçut une lumière au loin. La lumière est devenue de plus en plus brillante jusqu'à ce qu'il arrive dans un grand palais avec toutes les fenêtres éclairées. Le chant lui était complètement assommé.

« Au nom de la Fortune, où suis-je ? C'est une grande maison épouvantable, se dit-il ; 'd'où vient-il, pour tous ? Personne n'a jamais vu cela sur cette poitrine nue auparavant. Sinon, où suis-je, du tout ?

Il avait du mal à atteindre la porte avec les blocs de pierre qui traînaient comme des hommes gelés.

«Je jurerais», se dit-il en trébuchant sur l'un d'eux, «que c'était le petit Neddy Hom, le nain qui a disparu, sauf que c'est de la pierre.»

Lorsqu'il arriva devant la grande porte, celle-ci était verrouillée. Par une des fenêtres, il aperçut une table et un souper préparé dessus, mais il ne vit personne. Il était très fatigué et affamé, mais il avait peur de frapper à la porte d'un si bel endroit.

« Aw, cet endroit est trop grand pour des gens comme moi ! » a-t-il dit.

Il s'assit sur l'un des sièges en marbre à l'extérieur et dit :

"Je vais m'étendre ici jusqu'au matin, c'est une sorte de nuit moyenne."

Ce jour-là, de la viande et du pain lui avaient été donnés dans la dernière ville qu'il avait traversée. Il avait faim et il pensait qu'il allait manger, alors il ouvrit son portefeuille et en sortit un morceau de pain et de viande, puis il mit la main dans sa poche et en sortit une pincée de sel dans une vis de papier. En ouvrant le papier, des grains de sel tombèrent sur le sol. A peine cela s'était-il produit que du sol s'éleva du sol les gémissements les plus terribles, des vents violents soufflèrent de tous les airs du ciel, des éclairs jaillirent dans l'air, un terrible tonnerre s'écrasa au-dessus de lui et le sol se souleva sous ses pieds ; et il savait qu'il y avait beaucoup de monde autour de lui, même si aucun homme n'était visible. En moins d'un instant, le grand palais éclata en cent mille morceaux et disparut dans les airs. Il se trouva sur une montagne large et solitaire, et dans la lumière grise de l'aube, aucune trace du palais n'était visible.

Il se mit à genoux et fit une prière de remerciement pour son évasion, puis courut vers le village suivant, où il raconta aux gens tout ce qu'il avait vu et se réjouit qu'ils apprennent la disparition du sorcier.

L'ÎLE ENCHANTÉE

Sous la mer d'Irlande, à quinze ou seize milles au sud-ouest du Calf, se trouve une île enchantée. Il y a bien très longtemps, elle se trouvait à la surface de l'eau – c'était à l'époque où Manannan régnait sur Mann – mais lorsque Saint Patrick chassa Manannan et ses hommes de l'île sous la forme de créatures à trois pattes, ils tombèrent sur cette île. . Manannan le laissa tomber au fond de la mer, et on ne les revit plus.

Aujourd'hui, c'est la maison de Manannan Mac y Leirr, fils de la mer, et il la dirige comme il dirigeait Mann. Mais une fois tous les sept ans, lorsque le 1er mai tombe un dimanche, l'île peut être vue. Il s'élève de la mer juste avant le lever du soleil, comme une belle vision, et Manannan regarde une fois de plus Ellan Vannin. Les collines de l'île enchantée sont vertes, l'écume blanche l'entoure, et si vous êtes suffisamment près, vous pourrez voir les bras agités et les cheveux dorés des sirènes au bord de l'eau laver leurs bijoux scintillants, et entendre le chant des oiseaux, et sentez le parfum parfumé des fleurs. Mais alors que les premiers rayons du soleil se posent sur ses plus hautes collines, il s'enfonce dans la mer profonde et profonde.

HISTOIRES SUR LES OISEAUX

I. LES CORBEAUX

Deux Corbeaux se sont rencontrés une fois, et l'un a demandé à l'autre en langage oiseau :

« Il n'y a rien de nouveau chez vous ?

« Le Cheval blanc est mort », dit-il.

'Est-il gros? Est-il gros?' dit l'autre.

« Délicieux, délicieux », dit-il.

Alors il se repentit de lui avoir dit cela et cria :

« Os nus, os nus !

II. LA CHANSON DU MATIN DE BLACKBIRD

Un beau matin, le vieux Robin Quirk était assis au soleil devant la porte de sa chaumière, lorsque le Merle, vivant dans l'arbre Tramman dans son jardin, s'envola, s'installa près de Robin et commença à lui parler en manx :

« Irree, Robin, comme ça, ça va. » « Lève-toi, Robin, et fume une cigarette. »

'Cha nel thombaga aym.' «Je n'ai pas de tabac», dit Robin.

'Kionn hein, kionn hein.' « Achetez-le, achetez-le », cria Blackbird.

'Cha nel ping aym.' «Je n'ai pas un sou», dit le pauvre Robin.

«Gow er jour, gow er jour.» "Créditez-le, créditez-le", fut le mauvais conseil de Blackbird.

« Cha der ad dayl dou, mon garçon. » "Ils ne me donneront pas de crédit, mon garçon."

'Arrête hein, eisht, arrête hein.' « Arrêtez, alors, arrêtez », siffla Blackbird en rentrant chez lui et en clôturant la discussion.

« L'impérence du péché est chez ces merles ! » » dit Robin.

III. COMMENT LE TROGLODYTE EST DEVENU LE ROI DES OISEAUX

Il y a très, très longtemps, avant que vous et moi soyons nés, les oiseaux du ciel se rassemblaient au Tynwald de tous les vents. La réunion devait régler une fois pour toutes les querelles et les combats entre eux pour savoir lequel d'entre eux était le plus intelligent, et il fut convenu que l'oiseau le plus intelligent serait roi. Le ciel était noir avec eux, grands et petits, et bientôt tous se sont rassemblés. Partout, des groupes d'oiseaux étaient assis en rang, roucouillant, grondant ou dormant. Certains portaient de beaux manteaux noirs du dimanche comme le vieux Parson Gull, d'autres étaient vêtus uniquement de marron de travail comme Poor Brownie, le Hedge Sparrow ; mais la plupart portaient des leggings rouges ou jaunes, tandis que le Chough en avait une nouvelle paire de rouge vif. Yellow Tommy, le dandy, se lissait les pieds en se balançant au sommet d'un buisson d'ajoncs. Le vieux Greyback, le Corbeau, perché sur un rocher au-dessus de lui, silencieux mais observateur, mangeait des papillons ; et par-dessus tout, la voûte bleue du ciel, dans laquelle pendait immobile un aigle aux larges ailes.

Le Corncrake a officiellement annoncé : « Raip, raip » (prêt, prêt). Puis chacun se leva à son tour pour raconter toutes les grandes choses qu'il pouvait faire. Le Faucon se vantait que lui et son compagnon valaient le royaume de Mann avec tous ses droits ; Lhondoo, la Grive, leur chantait de son mieux : c'était un plaisir de l'écouter, et pendant un instant elle crut qu'elle serait élue ; Flamme du Bois, le Chardonneret, étalait son plumage éclatant ; Fork of the Wind, l'Hirondelle, a raconté sa rapidité et ses voyages dans les pays chauds du sud ; le Courlis, de ses richesses : « Que le courlis soit pauvre ou gros, il porte un gruau sur son dos », dit-elle en montrant la marque de 4 qu'elle porte. Lorsque le coucou s'est levé, le Pipit des prés s'est précipité hors d'un groupe et a dansé en rond, criant son nom pour attirer l'attention sur lui, le petit imbécile, et disant : « Que chaque oiseau éclose ses propres œufs », tant le pauvre coucou était. pas entendu. Il y eut une dispute à haute voix entre la Pie et le Choucas pour savoir lequel était le meilleur voleur. Finalement, la petite Jinny Wren se leva pour donner son mot à dire, après tout ce que les grands avaient fait. « Ha, ha, ha », rit la Bécassine, et tous les oiseaux rirent ; mais Jinny Wren a eu raison d'eux pour autant. Elle dit :

Même si je suis petit et si ma jambe est fine,

Douze poussins que je peux faire sortir de l'œuf.

Et les oiseaux s'accordèrent sur le fait que Jinny était à nouveau aussi intelligente que les meilleurs d'entre eux. Mais l'aigle n'aimait pas qu'un petit oiseau comme Jinny Wren soit au-dessus de lui. Il réfléchit donc une minute et dit, moyennement vexé : « Oiseaux, il est tout à fait juste que le meilleur oiseau en vol soit roi ; essayons une série pour voir lequel d'entre nous peut aller le plus haut. Hullad, le hibou, eut l'air pensif et dit : « Je n'ai encore jamais rien vu qui vaille la peine de voler. Mais les oiseaux ont dit : « Deed, ce ne serait pas du tout une mauvaise idée. » À peine dit que c'était fait. Jinny Diver, le Cormoran, a donné le coup de sifflet pour voler, et ils ont immédiatement décollé. Courant sur de grandes ailes puissantes, l'aigle ouvrait la voie, les petits suivant, Pompée-ny-Hoarn, Gros oiseau de l'orge, traînant loin en arrière. Mais les Sept Dormants, la Chauve-souris, le Chat-de-Pierre, Cooag le Coucou et les autres ne bougèrent pas : le sommeil s'était abattu sur eux. L'Aigle s'envola de haut en bas, vers le soleil, jusqu'à ce qu'il ne puisse plus soulever une plume d'un pouce plus haut. Puis il scruta les oiseaux au loin, bien en dessous, et poussa un cri :

"Ta mish Ree ny Ein, Ree ny Ein."

"Je suis le roi des oiseaux, le roi des oiseaux."

Mais là encore, la petite Jinny Wren était de trop pour lui. Elle l'avait saisi fermement par une plume située sous sa grande et large aile et s'était cachée. Et tandis qu'il criait « Ta mish Ree ny Ein », elle vola au-dessus de sa tête et cria : « Cha nel, cha nel, ta mish er-y-skyn ».

"Non, non, je suis au-dessus de lui, je suis au-dessus de lui."

L'Aigle tomba, et le Troglodyte tomba, essoufflé, mais Roi des Oiseaux.

C'est pour cela que les garçons chantent encore aujourd'hui le jour de la Saint-Étienne :

Le Wren, le Wren, le roi de tous les oiseaux,

Nous avons attrapé la Saint-Étienne dans les ajoncs,

Bien qu'il soit petit, sa famille est nombreuse ;

Nous vous en prions, bonne femme, donnez-nous une goutte à boire.

LE MODDEY DOO OU LE CHIEN NOIR DU CHÂTEAU DE PEEL

À l'époque où Charles II était roi d'Angleterre et Charles, comte de Derby, roi de Mann, le château de Peel était toujours entouré de soldats. La salle des gardes se trouvait juste à l'intérieur de la grande porte d'entrée du château et un passage menait de celle-ci, à travers une des anciennes églises, à la chambre du capitaine des gardes. À la fin de la journée, l'un des soldats a verrouillé les portes du château et a apporté les clés au capitaine à travers le passage sombre. Ils le feraient à tour de rôle.

Vers cette époque, les uns et les autres commencèrent à remarquer, tantôt dans une pièce, tantôt dans une autre, un gros chien noir aux cheveux rêches et bouclés. Il n'appartenait à personne sur place et personne ne savait rien de lui. Mais chaque nuit, lorsque les bougies étaient allumées dans la salle des gardes et que le feu brûlait fort, il sortait du couloir obscur et se couchait près de l'âtre. Il ne faisait aucun bruit, mais restait là jusqu'au point du jour, puis il se levait et disparaissait dans le couloir. Les soldats furent d'abord terrifiés par lui, mais après un certain temps ils s'habituèrent à sa vue et perdirent une partie de leur peur, même s'ils le considéraient toujours comme quelque chose de plus que mortel. Pendant qu'il était dans la pièce, les hommes étaient calmes et sobres, et aucun gros mot n'a été prononcé. Quand venait l'heure de porter les clés au capitaine, deux d'entre elles allaient toujours ensemble – aucun homme n'affronterait seul le passage sombre.

Cependant, une nuit, un insensé avait bu plus que ce qui était bon pour lui et il commença à se vanter et à se vanter de ne pas avoir peur du chien. Ce n'était pas à son tour de prendre les clés, mais pour montrer son courage, il dit qu'il les prendrait seul. Il a mis le chien au défi de le suivre.

« Laissez-le venir », criait-il en riant ; "Je vais voir s'il est un chien ou un diable !"

Ses amis étaient terrifiés et essayaient de le retenir, mais il récupéra les clés et sortit dans le couloir.

Le Chien Noir se releva lentement du feu et le suivit.

Il y eut un silence de mort dans la salle des gardes ; on n'entendit aucun bruit si ce n'est le fracas des vagues sur les rochers abrupts de l'îlot du Château.

Après quelques minutes, des cris et des hurlements les plus horribles et surnaturels sont venus du passage sombre, mais aucun soldat n'a osé bouger pour voir ce qui se passait. Ils se regardèrent avec horreur. Bientôt, ils entendirent des pas, et l'imprudent revint dans la pièce. Son visage était horriblement pâle et tordu par la peur. Il n'a pas dit un mot, ni à ce moment-là, ni après. En trois jours, il était mort et personne n'a jamais su ce qui lui était arrivé cette nuit effrayante.

Le Chien Noir n'a jamais été revu.

PETIT OISEAU ROUGE

Petit oiseau rouge du sol de gazon noir,

Où as-tu dormi la nuit dernière?

J'ai dormi la nuit dernière au sommet de la bruyère,

Et oh ! quel misérable sommeil !

Petit oiseau rouge du sol de gazon noir,

Où as-tu dormi la nuit dernière?

J'ai dormi la nuit dernière au sommet du buisson,

Et oh ! quel misérable sommeil !

Petit oiseau rouge du sol de gazon noir,

Où as-tu dormi la nuit dernière?

J'ai dormi la nuit dernière sur le faîte du toit,

Et oh ! quel misérable sommeil !

Petit oiseau rouge du sol de gazon noir,

Où as-tu dormi la nuit dernière?

J'ai dormi la nuit dernière entre deux feuilles

Comme un bébé tout à fait à l'aise entre deux couvertures,

Et oh ! quel sommeil paisible !

Une vieille berceuse manx.

TEHI TEGI

Il y a des centaines d'années, il y avait une sorcière sur l'île qui était devenue la jeune femme la plus belle et la plus intelligente de l'île. Son goût pour la beauté n'avait jamais été vu auparavant dans ce monde mortel. Quand elle sortait à pied ou à cheval, les oiseaux du ciel oubliaient de chanter en la regardant, et sa douce voix les incitait à l'écouter hors des arbres. Même les animaux restaient immobiles jusqu'à son passage, car sa beauté les envoûtait. Et quant aux hommes, aux pauvres créatures, ils affluaient de tous les côtés de l'île pour la courtiser, et lorsqu'ils l'avaient vue une fois, ils ne voulaient plus la quitter. Ils oublièrent tout le reste du monde, tout le chagrin et les soucis, la maison et le pays, jusqu'à ce qu'enfin tout dans l'île s'arrête parce que les hommes les suivirent là où cette jeune sorcière choisissait de les conduire. Leurs hagards étaient vides, car ils ne labouraient ni semaient, et leurs maisons étaient vides, car ils ne bâtissaient ni ne réparaient. Ils ne coupaient pas de gazon et ne tiraient pas de corde pour faire du feu. Leurs champs étaient couverts de pierres, de sorte que le bétail mourait faute de pâturage, et leurs jardins étaient pleins de mauvaises herbes. Il régnait un étrange calme dans toute l'île : aucune voix d'enfant ne pouvait être entendue nulle part. La sorcière se contentait de rire de voir ce que sa beauté avait fait, et elle gardait tous les hommes près d'elle en faisant croire à chacun qu'il pourrait être lui-même l'élu. Si l'on lui demandait de l'épouser, elle répondrait : « Et peut-être que je le ferai », puis elle dirait la même chose à l'autre. Alors ils passaient leurs journées à se faire plaisir. Lorsqu'elle eut ainsi asservi les hommes de l'île, elle dit un jour :

"Selle-moi mon cheval, car j'ai envie de monter."

On lui amena donc son cheval blanc de lait, ferré de fers d'or, avec un mors d'or et une bride sertie de bijoux, avec une selle de nacre et un tapis de selle bleu. Tehi Tegi monta et les vagues de ses cheveux dorés coulèrent sur sa robe d'un blanc brillant.

« Je pars, dit-elle, à la campagne pour la journée, et tu peux me suivre à pied si tu veux.

Elle chevauchait et se dirigeait sous les arbres ombragés et dans les allées herbeuses, où les jacinthes et les primevères poussaient aussi épaisses que l'herbe, et les haies étaient jaunies d'ajoncs. Elle longea des champs couverts de pierres, qui étaient autrefois de belles terres à blé ; et elle continua leur route en tête par de petits tholthans solitaires dont les toits s'étaient enfoncés dans l'âtre, puis par des endroits où se trouvaient autrefois des maisons, maintenant marqués par des orties jenny et un vieux tramman. Son chemin montait parmi les collines brillantes sous le soleil de mai, et à travers des branchies où de petits ruisseaux coulaient entre des rives couvertes de fougères, de bruyères et de nombreuses fleurs, jusqu'à la mer bleue.

Finalement, ils se trouvèrent au bord d'une rivière claire et rapide, et elle jeta un sort dessus et la fit paraître peu profonde et aussi lisse et claire que du verre, de sorte que les petites pierres au fond étaient à peine recouvertes. Puis, alors qu'ils commençaient tous à le parcourir, elle ôta le sortilège et l'eau s'engouffra sur leurs têtes et engloutit les six cents pauvres amants. Sur ce, elle se transforma en chauve-souris, s'éleva dans les airs et s'envola hors de vue. Son cheval blanc de lait s'est transformé en perkin, a plongé au fond du ruisseau et a nagé vers la mer et n'a plus été revu.

Dès lors, les sages de l'île firent marcher leurs femmes et suivre leurs maris partout où ils les mèneraient, afin qu'un tel accident ne se reproduise plus. Si par hasard une femme passait la première, quiconque la voyait criait « Tehi Tegi ! Tehi Tegi !'

LE VOYAGE DE JOHN-Y-CHIARN

John-y-Chiarn a fait le plus grand voyage de sa vie sans le vouloir du tout.

Une nuit, il se dirigeait vers Ballaquirk, prenant son temps et pensant à sa jeunesse, quand tout à coup il entendit un grand murmure de gens qui s'approchaient derrière lui, et, avant d'avoir eu le temps de regarder autour de lui, il se sentit s'éloigner de lui. se bouscula et une voix lui demanda, moyennement aiguë aussi :

« Qu'est-ce que vous nous faites ici à cette heure de la nuit ?

«Je suis désolé de causer des ennuis à qui que ce soit», dit John; "Je vais franchir la haie pour sortir de la route."

Alors le chef vint le toucher avec le petit bâton qu'il portait et dit aux autres :

« Nous l'emmènerons avec nous ; il sera assez utile parmi les autres.

À ce moment-là, il y eut un gros rire et John se sentit tout changé, et quelque chose comme une charge lui tomba sur le dos. Puis ils continuèrent tous ensemble, parlant eux-mêmes et riant. Dès qu'ils approchèrent de la chapelle Ballaragh, tout fut aussi silencieux qu'une tombe. Les maisons étaient sombres et la seule chose qu'ils voyaient remuer était le chien de Quilleash, et dès qu'il se sentait, il s'enfuit avec sa queue entre ses jambes.

C'était une belle nuit facile avec juste une touche de léger brouillard et un peu d'air descendant de la montagne alors que nous arrivions à Dreem-y-Cuschaage. Là, le chef fit sonner sa grosse corne de bélier, et tandis qu'ils descendaient au galop vers le Dhoon, d'autres P'tits Fellas sortirent des branchies et les rejoignirent, et d'autres discussions et rires continuèrent. Il souffla une nouvelle fois sur Ballellin, car là ils pouvaient voir le brouillard descendre de Creg-ny-Molt.

Il souffla de nouveau sur Ballagorry et ils se relâchèrent un peu, et on aurait pu penser que tout le vallon se serait réveillé avec les échos. En bas du pont, ils pouvaient voir les lumières tourner comme des feux follets. Alors le chef a crié :

"Montez dans vos lignes, mes garçons", et les Maughold Lil Fellas se sont rangés sur les murs du pont, juste sous les gros cerisiers, tenant leurs lanternes colorées au bout de leurs bâtons pour éclairer ce sale monde. tourner; puis, quand tout fut passé, ils se joignirent à eux et suivirent. Ils s'en allèrent tous vers Slieu Lewaige, prêts à se briser le cou. Ils se détendirent un peu en arrivant à Folieu, puis prirent leur temps jusqu'au pont Ballure, où il y avait une grosse lanterne accrochée à un arbre au-dessus du vieux moulin. Dès qu'ils virent cela, deux d'entre eux sonnèrent du cor, puis une foule de cavaliers sortirent du moulin, soufflant eux aussi du cor. Ils ont levé les branchies et tout d'un coup, toute la foule, avec John parmi eux, s'est retrouvée en plein milieu d'un grand camp du Lil People. Il y avait des lumières suspendues partout dans les arbres, des feux allumés sous les pots de cowree et des musiciens jouant de la bonne musique. Oh, quelle joie c'était ! Certains circulaient, donnant des cuillères en corne pour le cowree et le binjean, puis distribuant le pain d'avoine, le fromage et le vin de tramman. Alors les petits violoneux, les flûteurs, les joueurs de roseaux et les batteurs montèrent au sommet d'un gros rocher, et les Petits Fellas commencèrent à danser, jusqu'à ce que la tête de John prenne le moulinet et les regardait. C'était un spectacle grandiose de voir les jolies petites filles dans leurs jupons rouges, leurs bas blancs et leurs chaussures à boucles d'argent, et de petites clochettes tintant dans leurs cheveux ; et les Lil Men dans leurs culottes blanches, leurs bas loghtan et leurs carranes tachetées. Au milieu de tout cela, le Lil Captain est arrivé et...

«John», dit-il. « Que penses-tu de ce spectacle, mon garçon ?

"C'est mortellement grandiose", dit John. « Bien avant tous les carnavals que j'ai vus auparavant ; et combien de temps ça va durer ?

«Peut-être quinze jours», dit-il en riant de bon cœur. « Et peut-être plus, alors tu ferais mieux de retourner auprès des tiens.

« Comment vais-je pouvoir revenir, même dans le noir ? dit Jean.

"Tchut, mec," dit-il en donnant à nouveau un coup à John sur la tête avec son petit bâton.

John ne s'en souvenait plus jusqu'à ce qu'il se réveille à l'aube près de sa propre maison, et ce n'était guère pire pour son long voyage.

UN MAUVAIS SOUHAIT

Que le crochet de cheminée et les crochets

Contre toi s'élève une guerre cruelle ;

La louche, les plats et le bâtonnet,

Préparez-vous à l'attaque redoutable.

Que le pot-stick et les tables rondes,

Cresset, caboche et quincaillerie,

Tout aide à te déchirer, à t'écorcher et à t'écorcher

Quand il est tombé sous eux sur le sol.

Et si le taureau d'eau tacheté,

Et tu prendrais le Glashtan, pour tout

Et le Fynoderee du vallon, se dandinant,

Pour faire de toi un traversin contre le mur .

La Fée du Glen et du Buggane,

Finn MacCool et toute sa compagnie ;

Puissent-ils se rassembler autour de ton lit,

Et dans un cantre en corde de paille, pars avec toi.

D'une vieille ballade manx.

LA SORCIÈRE DE SLIEU WHALLIAN

C'était le jour de la Saint-Jean et la flotte de harengs de Peel, les voiles à moitié déployées, était prête à prendre la mer. Les hommes avaient semé leur orge et leurs pommes de terre, et maintenant leurs bateaux étaient gréés et leurs filets rangés à bord et ils étaient prêts pour la récolte de la mer. C'était une belle journée, le ciel était clair et le vent soufflait du bon côté, venant du nord. Mais comme on dit : « Si la coutume n'obtient pas la coutume, la coutume pleurera ». Une bassine d'eau fut apportée du Puits sacré et donnée à la Femme Sage qui vendait du bon vent, alors qu'elle se tenait du côté du port avec les femmes et les enfants pour surveiller les bateaux. Ils lui ont dit de regarder et de raconter la chance de la flotte de harengs. Elle se pencha au-dessus de l'eau et, tandis qu'elle regardait, son visage pâlit de peur et elle haleta : « Hurroose, hourra ! Et tu sais ce que je vois ?

« Écoutons-nous », dirent-ils.

Je vois les vagues sauvages fouettées par le grand Bradda Head,

Je vois la vague autour du Chicken's Rock et la lèvre du briseur est rouge ;

Je vois où les cadavres se jettent dans le Sound, avec des filets, des équipements et des espars,

Et jamais un membre de la flotte de pêche ne roule sous les étoiles.

Il y eut un silence sourd, et les hommes se rassemblèrent en marmonnant, jusqu'à ce que Gorry, l'amiral de la flotte de pêche, s'avance, attrape le bassin de ses mains et le jette à la mer en grognant :

« Bien sûr que je suis en vie, bien sûr que je suis en vie, femme, j'ai plus qu'à moitié envie de te soulever après ça. Si je pouvais, des gens comme vous et votre équipage se retrouveraient à la mer. Les garçons, est-ce qu'on va perdre un coup à cause de cette bulle ? Allez, allons-y, avec l'aide de Dieu.

« Oui, pas de hareng, pas de mariage. Allons-y, dit le jeune Cashen.

Alors hissant les voiles, ils quittèrent le port et lorsque la terre fut assez ouverte, pour qu'ils puissent voir le veau, ils se dirigèrent vers le sud et se dirigèrent vers l'épaule. Bientôt, une fine brise les envoya dans la zone de pêche, et chacun guettait les signes de harengs : perkins, fous de Bassan, poissons jouant à la surface, eau huileuse, etc. Quand le soleil était couché et que la soirée était trop sombre pour voir le drapeau de l'amiral, le capitaine de chaque lougre tendait son bras de tout son long, et quand il ne voyait plus le noir dans l'ongle de son pouce, il ordonnait aux hommes de tirer. leurs filets. Et alors qu'ils se dirigeaient vers leurs trains, tout se passa comme la sorcière l'avait dit. Bientôt la mer prit une autre face, le vent de l'ouest souffla un coup de vent soudain et gonfla les vagues d'écume. Les bateaux étaient poussés çà et là, et les ancres traînaient rapidement derrière eux. Ensuite, les hommes ont hissé les voiles face au vent et ont lutté pour regagner la terre ferme, et les éclairs étaient toute la lumière dont ils disposaient. Il faisait si noir qu'ils ne voyaient aucune colline, et au-dessus du tumulte de la mer, ils pouvaient entendre les vagues marteler la côte rocheuse. Les vagues s'élevaient comme des montagnes, déferlaient sur les bateaux et les harcelaient de la proue à la poupe. Ils furent brisés sur les rochers du Veau, et seuls deux hommes échappèrent avec leur vie.

Mais il y avait un bateau qui était rentré sain et sauf au port avant la tempête, et c'était le bateau des Sept Garçons. C'était un bateau Dalby et appartenait à sept jeunes hommes qui n'étaient tous pas mariés. Ils étaient toujours bons avec le Dooinney Marrey, le Triton, et lorsqu'ils remontaient leurs filets, ils lui jetaient un plat de hareng, et en retour ils avaient toujours de la chance dans leur pêche. Cette nuit, après que la Flotte eut tiré sur ses filets, la nuit étant encore belle et calme, les Sept Garçons entendirent la voix de l'Homme-Homme les hélant et leur disant :

« C'est calme et bien maintenant ; il y aura bientôt une tempête !

Lorsque le capitaine entendit cela, il dit : « Chaque hareng doit pendre par ses propres branchies », et lui et son équipage mirent aussitôt leurs filets à bord et gagnèrent le port. Et depuis lors, il fut donné comme loi qu'aucun équipage ne devait être composé uniquement d'hommes seuls ; il devait y avoir au moins un homme marié à bord et aucun homme n'était tenu par son engagement à pêcher dans cette même mer du sud, qui s'appelait à partir de ce jour « la mer de sang ».

Quant à la sorcière, ils dirent qu'elle avait soulevé la tempête par ses sortilèges et ils l'emmenèrent au sommet de la grande montagne Slieu Whallian, la mirent dans un tonneau à pointes et la firent rouler du haut vers le bas, où le tonneau s'enfonça dans le tonneau. la tourbière. Pendant de très nombreuses années, il y eut une piste dénudée descendant le flanc escarpé de la montagne, où l'herbe, ni la lingue, ni les ajoncs ne poussèrent jamais. Ils l'ont appelé « la voie de la sorcière » et ils disent que ses cris se font entendre dans l'air chaque année le jour où elle a été mise à mort.

LE VIEUX NOËL

À l'époque de nos grands-mères, le jour de Noël, le 5 janvier, était considéré comme le vrai Noël. La veille de Black Thomas, qui était le premier jour des vacances de Noël, les rouets durent tous être rangés, la fabrication des filets cessa et aucun travail d'aucune sorte ne devait être effectué avant le douzième jour.

Mais il était une fois une vieille femme nommée Peggy Shimmin, chez Ballacooil, et elle était déterminée à terminer un filage qu'elle avait commencé, alors la veille de Noël, elle se dit :

« Le nouveau Noël est passé et ce n'est sûrement pas un mal de faire un peu de filage ce soir », même si elle doutait dans son cœur si elle ne péchait pas. Alors, quand lui et les autres furent au lit, elle appela sa jeune servante, petite Margad, et lui dit :

« Margad, moi et toi, vous finirez de filer ce soir. » Margad était effrayée, terrible, mais elle sortit son volant et s'assit à côté de sa maîtresse. Les deux commencèrent à filer, et ils filèrent et filèrent jusqu'à près de minuit, et voici, juste avant minuit, la vieille Peggy vit le lin qu'elle tirait de la quenouille devenir de plus en plus noir jusqu'à devenir aussi noir que du goudron. Mais le lin de Margad n'a pas changé de couleur parce qu'elle avait seulement fait ce que sa maîtresse lui ordonnait. Peggy a rapidement laissé tomber le lin, a rangé son tour et s'est glissée, effrayée, jusqu'au lit. Elle savait maintenant quel était le vrai jour de Noël et elle ne tournait plus jamais la vieille veille de Noël.

Margad resta seule dans la cuisine lorsque sa maîtresse fut couchée, et d'abord elle trembla d'effroi ; mais c'était une fille moyennement courageuse, et elle a eu l'idée, comme il n'y avait personne pour l'arrêter, de voir si toutes les choses qu'elle avait entendues à propos de la vieille veille de Noël étaient vraies.

« On dit, pensa-t-elle, que les abeilles sortent, que les bœufs de trois ans se mettent à genoux et que la myrrhe fleurit. Puis elle se dit :

"Je pense que je vais sortir et regarder la myrrhe." Alors elle enfila une cape autour d'elle et se faufila par la porte dans la nuit froide et glaciale au clair de lune, et minuit venait de sonner lorsqu'elle mit le pied dehors. Elle se pencha pour regarder l'endroit où était enterrée la racine de myrrhe, et tandis qu'elle regardait, la terre commença à remuer et à se fissurer, et bientôt deux petites pousses vertes s'élevèrent dans les airs. Elle se pencha plus près pour voir ce qui allait se passer et, à son grand étonnement, les feuilles et les tiges devinrent grandes et fortes sous ses yeux, puis les bourgeons commencèrent à apparaître et, en quelques minutes, les jolies fleurs blanches éclosent et le jardin fut doux par leur parfum. Au début, Margad ne pouvait rien faire d'autre que de les regarder, mais elle a finalement osé cueillir un petit morceau de fleur et l'a gardé toute sa vie comme porte-bonheur. Puis elle se rendit à l'étable et jeta un coup d'œil par la porte. Elle entendit un gémissement et voilà que les jeunes bœufs étaient à genoux, gémissant et la sueur coulait d'eux. Margad s'est également agenouillée et a adressé une petite prière au Saint Enfant né dans une stalle. Mais les merveilles n'étaient pas encore terminées, car alors qu'elle rentrait silencieusement vers la maison, elle remarqua que les abeilles chantaient et volaient autour de la ruche ; elles étaient de nouveau à l'intérieur lorsqu'elle ferma la porte de la maison derrière elle.

Toujours après cela, lorsque les voisins lui demandaient si elle croyait aux merveilles du vieux réveillon de Noël, elle répondait :

"Je sais que c'est vrai, car je l'ai vu moi-même."

LA BUGGANE DE ST. TRINIEN

Il y a longtemps, des moines sont venus dans la vaste prairie accidentée qui se trouve entre la sombre montagne Greeba et la grande route, ils ont choisi un endroit agréable et y ont érigé une église à Saint-Trinian. Mais ils comptaient sans la puissance du Buggane, qui avait son repaire dans la montagne. Le Buggane était très en colère et il se dit :

"Je n'aurai pas de paix, nuit ou jour, avec leurs cloches si je les laisse terminer le bâtiment." Et comme il n'avait rien d'autre à faire, il s'avisa de s'amuser à jeter du haut du toit.

Ainsi, lorsque le toit de l'église fut posé pour la première fois, on entendit cette nuit même un bruit épouvantable, et quand les habitants de Greeba se levèrent tôt le lendemain matin, ils trouvèrent leur église sans toit, et des planches et des poutres brisées tout autour de la place. . Après un certain temps et avec beaucoup d'efforts, le toit fut remis en place. Mais alors qu'elle était allumée, une grande tempête s'est levée dans la nuit et elle a été renversée des murs, exactement comme cela s'était produit auparavant. Cette chute a semé la peur dans la population, car ils étaient désormais sûrs que c'était le maléfique et destructeur Buggane lui-même qui faisait le mal. Mais, bien qu'ils fussent terrifiés, ils résolurent de faire une nouvelle tentative ; et le troisième toit était presque terminé.

Or, il y avait un courageux petit tailleur qui vivait à environ un mile de Greeba, et comme il n'avait pas trop de matériel mondain, il fit le pari que lorsque le nouveau toit serait en place, il passerait non seulement la première nuit dans l'église, mais aussi faites-y une culotte. Le pari fut relevé avec empressement, car ils espéraient que si le toit était debout une nuit, il resterait en place.

Timothée, c'était le nom du petit tailleur, se rendit donc à l'église dès le premier soir après la pose du nouveau toit. Il sursauta juste au moment où l'ombre commençait à grisonner près des haies. Il emporta avec lui du tissu, une aiguille et du fil, un dé à coudre et des ciseaux. Il entra hardiment dans l'église, alluma quelques grosses bougies et regarda partout dans le bâtiment pour voir si tout allait bien. Puis il ferma la porte à clé pour qu'il n'y ait aucun moyen d'entrer. Il découpa le tissu et, s'asseyant les jambes croisées dans le chœur, il enfila son dé et se mit à travailler la culotte. Il ne prêtait aucune attention à l'obscurité de l'église solitaire en pleine nuit, mais avec un long fil et une aiguille, il se penchait sur son travail, ses doigts se déplaçant rapidement d'avant en arrière, projetant d'étranges ombres invitantes sur les murs. Il fallait que les culottes soient terminées, sinon il perdrait son pari, alors il cousait aussi vite qu'il le pouvait, pensant à l'argent que les gens auraient à lui donner.

Le vent commençait à se lever et les arbres claquaient les bras contre les fenêtres. Le tailleur regarda prudemment de haut en bas et autour de lui. Rien d'étrange ne lui apparut et il reprit courage. Puis il enfila son aiguille et recommença son travail. Il jeta un autre regard aigu autour de lui, mais ne vit rien du tout à part la lueur de l'endroit près des bougies et l'obscurité profonde et vide au-delà d'elles. Alors son courage s'est élevé, et il s'est dit :

« Ce sont des bêtises de la part des gens à propos du Buggane, car, après tout, ce genre de chose n'est pas à la mode.

Mais à ce moment précis, le sol se souleva sous lui et des grondements montèrent d'en bas. Les sons devinrent plus forts en dessous et Timothy leva rapidement les yeux. Tout à coup, une très grosse tête a percé un trou dans le trottoir juste devant lui et est remontée lentement à travers le trou. Il était couvert d'une crinière de poils noirs et grossiers ; il avait des yeux comme des torches et des défenses acérées et scintillantes. Et quand la tête fut élevée au-dessus du trottoir, les yeux enflammés fixèrent Tim avec acharnement ; la grande bouche rouge et laide s'ouvrit toute grande, et une voix terrible dit :

« Espèce de coquin, qu'as-tu ici ?

Tim n'y prêta aucune attention, mais travailla encore plus dur, car il savait qu'il n'avait pas de temps à perdre.

«Vois-tu ma grosse tête?» cria le Buggane.

'Je vois je vois!' » répondit Tim d'un ton moqueur.

Une grande et large paire d'épaules se leva, puis un bras épais jaillit et un grand poing se serra au visage du tailleur.

«Vois-tu mes longs bras?» rugit la voix.

'Je vois je vois!' » répondit hardiment Tim, et il arrêta sa couture pour éteindre une des bougies des gouttières, et il jeta le tabac à priser brûlant au visage renfrogné devant lui. Puis il a continué sa couture.

La Buggane montait et montait à travers le trou jusqu'à ce que l'horrible forme, noire comme l'ébène et couverte de rides comme le cuir d'un soufflet de forgeron, soit sortie tout à fait de terre.

«Vois-tu mon grand corps?» rugit le Buggane, furieux que Tim ne montre aucune peur de lui.

'Je vois je vois!' répondit le tailleur en cousant en même temps la culotte de toutes ses forces.

«Vois-tu mes griffes acérées?» rugit le Buggane d'une voix plus colérique qu'auparavant.

'Je vois je vois!' répondit encore le petit tailleur sans lever les yeux et continuant de se retirer de toutes ses forces.

«Vois-tu mon pied fourchu?» tonna le Buggane, levant un gros pied et le plaquant sur le trottoir avec un bruit sourd qui fit trembler les murs.

'Je vois je vois!' répondit le petit tailleur, comme auparavant, en cousant fort la culotte et en prenant de longs points.

Levant son autre pied, le Buggane, furieux, cria :

« Vois-tu mes bras rugueux, mes doigts osseux, mes poings durs, mon… ?

Avant de pouvoir prononcer une autre syllabe ou retirer l'autre pied de terre, le petit tailleur sauta rapidement et fit deux points ensemble. Les culottes furent enfin terminées, puis, d'un seul bond, il sauta par la fenêtre la plus proche. Mais à peine était-il hors des murs que le nouveau toit s'effondra avec un fracas terrible, ce qui fit sauter Tim beaucoup plus agilement que jamais auparavant. Entendant les rires diaboliques du Buggane derrière lui, il prit ses talons et fila à toute vitesse le long de la route de Douglas, la culotte sous les bras et le Buggane furieux en pleine poursuite. Le tailleur se dirigea vers l'église de Marown, à une petite distance seulement, et savait qu'il serait en sécurité s'il pouvait seulement atteindre le cimetière. Il courut plus vite encore, il atteignit le mur, il sauta par-dessus comme un lièvre traqué, et tomba fatigué et épuisé sur l'herbe, à l'ombre de l'église, où le Buggane n'avait pas la force de le suivre.

Le monstre était si furieux qu'il saisit sa propre tête avec ses deux mains, l'arracha de son corps et l'envoya voler par-dessus le mur à la poursuite du tailleur. Il éclata à ses pieds avec une explosion terrible, et avec cela le Buggane disparut, et on ne le revit plus ni n'en entendit parler par la suite. Merveilleux à raconter, le tailleur n'a pas été blessé et il a gagné le pari, car personne ne se plaignait des quelques longs points de suture mis dans la culotte.

Et quant à l'église Saint-Trinian, depuis ce jour jusqu'à aujourd'hui, il n'y a pas d'autre nom que Keeill Vrisht – Église brisée – car son toit n'a jamais été remplacé. Là, il se dresse dans la prairie verte, à l'ombre de la montagne rocheuse de Greeba, et c'est là que se trouvent maintenant ses ruines grises sans toit.

LE ROI MAGNUS PIEDS NUS

Magnus, petit-neveu d'Olaf le Saint, était roi de Norvège à l'époque où les rois norvégiens étaient les seigneurs de Mann, et il était surnommé Pieds nus parce qu'il portait des kilts. Il était le jeune roi le plus courageux et le plus beau de son temps : grand, fort et brillant comme un météore. Il portait un casque sur la tête et un bouclier rouge surmonté d'un lion d'or ; il avait à sa ceinture une épée extrêmement tranchante avec une poignée d'ivoire incrustée d'or, et un javelot aiguisé à la main. Sur sa cotte de mailles se trouvait une tunique rouge rubis brodée d'un lion d'or. C'était une figure belle et vaillante. C'est lui qui a apporté la Coupe de la Paix du roi Olaf sur notre île, et c'est ainsi que cela s'est passé.

Un jour, Magnus dînait avec ses chefs, et leur conversation se déroulait sur le magnifique sanctuaire d'Olaf le Saint, qui était la merveille de son époque. Ils se parlèrent de la façon dont il était dit que le corps d'Olaf ne serait jamais détruit par la mort, mais resterait comme dans la vie et guérirait ceux qui priaient au sanctuaire de toute maladie. Magnus se moqua de cette histoire et dit hardiment :

'Voir c'est croire; que le sanctuaire soit ouvert afin que nous puissions voir par nous-mêmes si l'histoire est vraie.

Alors l'évêque et le clergé furent horrifiés et supplièrent le roi : « Ô roi, que cela ne se fasse pas, cela t'apportera sûrement du mal.

Mais Magnus ordonna :

« Que le sanctuaire soit ouvert immédiatement. Je ne crains aucun homme vivant ou mort.

Ainsi, sa volonté fut accomplie et lorsque le sanctuaire orné de joyaux fut ouvert, tous virent le corps du saint Olaf, incorrompu et beau, comme s'il était vivant. Magnus le toucha avec ses mains, mais fut soudain saisi d'une grande peur. Il s'en alla précipitamment, mais emporta avec lui la jolie coupe de cristal qui se trouvait à côté du Saint.

La nuit suivante, dans son sommeil, il eut une vision du roi Olaf, majestueux et sévère, qui lui dit :

« Choisissez, je vous le dis, l'une des deux choses suivantes : soit perdre votre royaume et votre vie dans les trente jours, soit quitter la Norvège et ne plus jamais la revoir.

Magnus se réveilla et appela ses chefs et grands hommes pour leur raconter sa vision.

«Oh roi», criaient-ils de peur. «Quittez la Norvège au plus vite et gardez votre vie et votre royauté.»

Ainsi Magnus, qui fut le dernier de nos grands Sea King, rassembla une flotte de 160 longs navires, chacun avec vingt ou trente bancs de rameurs et avec des étraves taillées en forme de dragons. Il aimait la mer et, comme un vrai Viking, il disait :

"Je ne dormirai jamais sous une poutre couverte de suie ni ne boirai au coin de la cheminée."

Au loin, il a navigué vers les Orcades ; il les conquit ainsi que toutes les îles occidentales et arriva à Mann. Il fait escale à l'île Saint-Patrick et se rend sur le site de la bataille de Santwat près de Peel, qui s'est déroulée trois jours auparavant entre les Manx du nord et du sud. La beauté de notre île plaisait à ses yeux et il la choisit pour sa demeure. Il a obligé les hommes de Galloway à couper du bois et à l'apporter pour lui construire trois forts. Dans l'un d'eux, près de Douglas, il plaça la Coupe de la Paix, dont il savait qu'elle serait bien gardée par Lhiannan Shee, la Fée de la Paix qui ne la quittait jamais.

Puis il navigua vers Anglesey et s'en fit seigneur, mais il revint bientôt sur l'île de Mann, car cela lui plaisait le plus. A son retour, il envoya ses chaussures sales à Morrough, roi d'Irlande, avec ce message :

« Magnus Barefoot, roi de Norvège et des îles, t'ordonne de porter ses chaussures sales sur tes épaules dans ta maison le jour de Noël dans ton état royal, et de reconnaître que tu tiens ton royaume et ton pouvoir du Seigneur de Norvège et des îles. Et cela, tu dois le faire en vue de ses envoyés.

Lorsque les Irlandais entendirent cela, ils furent furieusement en colère et indignés, mais le sage roi Morrough dit :

"Je ne me contenterai pas de porter les chaussures, mais je les mangerai, plutôt que de laisser Magnus ruiner une seule province d'Irlande."

Puis il porta les chaussures le jour de Noël comme Magnus le lui avait demandé, traita les messagers avec honneur et les renvoya à Mann avec de nombreux beaux cadeaux pour leur roi, avec lequel il conclut un traité de paix. Mais les envoyés parlèrent à leur maître de la richesse des terres irlandaises et de la douceur de l'air, et Magnus garda cela à l'esprit.

Après cela, le roi d'Écosse lui envoya un message disant :

« Cessez de me faire la guerre et je vous céderai celles des îles occidentales que vous pourrez contourner depuis le continent sur un navire à gouvernail à aubes.

Magnus fit la paix à ces conditions et ainsi les rois nordiques gagnèrent les îles du Sud, parmi lesquelles ils comptèrent la péninsule de Cantyre parce que

Magnus, assis à la barre, fit traîner son grand navire de guerre sur le cou de terre qui le relie au continent. . Ses vikings criaient de triomphe alors qu'ils tiraient le navire, avec leur jeune roi dans son rouge et or se moquant de la poupe.

Mais pendant tout ce temps, dans son cœur, Magnus ne pensait qu'à la conquête de l'Irlande. Il a navigué vers la côte de Down, où il a commencé à envahir et à piller. C'est le jour de la Saint-Barthélemy, 1103, que eut lieu sa dernière bataille. Les Irlandais avaient promis la veille de lui apporter du bétail pour ses troupes, mais comme ils n'étaient pas venus, il débarqua ses hommes et les fit marcher jusqu'au sommet d'une petite colline de la plaine de Coba. De cet endroit, il pouvait voir tout le pays alentour, et bientôt apparut un grand nuage de poussière au loin. Certains de ses hommes disaient que c'était une armée qui approchait, d'autres que c'était un troupeau de bétail. Ces derniers avaient raison, et une fois le bétail remis, Magnus et ses hommes retournèrent vers ses navires. C'était maintenant midi, par une journée calme et ensoleillée. Lorsqu'ils atteignirent les marais, soudain une bande d'Irlandais sortit de leur embuscade dans un bois voisin et les attaqua farouchement.

Magnus ordonna à son chef, Eyvinder, de sonner de la trompette et de convoquer ses hommes autour de l'étendard royal. Il leur ordonna de serrer les rangs avec des boucliers superposés, jusqu'à ce qu'ils atteignent le sol sec où ils seraient en sécurité. Ils parvinrent jusqu'à un vieux fort, mais les Irlandais les pressèrent et en tuèrent beaucoup. Alors le roi appela un chef nommé Thorgrim :

« Allez-vous, avec votre cohorte, traverser le rempart et occuper la colline d'en face avec vos archers jusqu'à ce que nous vous rejoignions.

Thorgrim et ses hommes firent ce qu'on leur disait et traversèrent, mais lorsqu'ils eurent traversé, ils mirent leurs boucliers sur leur dos et s'enfuirent vers les navires. Quand Magnus les vit, il cria :

« Est-ce ainsi que tu cours, lâche ? J'ai été idiot de vous envoyer à la place de Sigurd, qui ne m'abandonnerait pas ainsi.

Magnus s'est battu comme un lion, mais bientôt il a été transpercé à la cuisse par une lance. Il le sortit et le brisa sous ses pieds en criant :

« Ainsi nous, jeunes guerriers, cassons ces brindilles. Continuez à combattre courageusement, mes hommes, et ne craignez aucun danger pour moi.

Ses hommes le prièrent d'essayer de se ménager, mais il répondit :

« Mieux vaut pour un peuple avoir un roi courageux qu'un vieux roi !

Et en disant cela, le premier dans la bataille, il trouva la mort.

MANANNAN MAC Y LEIRR

Manannan *Beg* était fils de Leirr,

Il était le premier à avoir Mann ;

Mais il me semble que

Lui-même n'était qu'un païen.

Ce n'est pas avec son épée qu'il l'a gardée,

Ni avec ses flèches, ni avec son arc ;

Mais quand il voyait les navires naviguer,

Il l'a cachée sous un brouillard.

Il mettrait un homme sur un front,

On croirait qu'il y en avait une centaine ;

Et c'est ainsi que le sauvage Manannan gardait

Cette île avec tout son butin.

Le loyer payé par chacun sur le terrain

C'était un paquet de joncs verts ;

Et c'était sur eux pour une taxe

Dans tout le pays, chaque réveillon de Saint-Jean.

Certains sont montés en ruée vers

La grande montagne à Barrule ;

D'autres laisseraient l'herbe en bas,

Avec Manannan au-dessus de Keamool.

C'est ainsi qu'ils vivaient, je pense

Moi-même leur hommage est très petit,

Sans souci ni anxiété,

Ou travailler pour causer de la lassitude.

Vieille Ballade.

MANANNAN MAC Y LEIRR

Manannan Mac y Leirr, le Fils de la Mer, fut le premier souverain de Mann. C'était un grand sorcier, et il était si puissant qu'il fut ensuite considéré comme un dieu. Il possédait un grand fort de pierre sur l'île Peel, et il pouvait faire en sorte qu'un homme, debout sur ses créneaux, en ait l'air d'en avoir cent. Lorsqu'il voyait les navires ennemis naviguer, il couvrait l'île d'une brume argentée afin qu'elle ne puisse pas être vue ; et si, malgré la brume, ses ennemis s'approchaient, il jetait des copeaux à l'eau et les transformait en bateaux. Il se promenait un jour sur Barrule, lorsqu'il vit que les navires de guerre des Nordiques étaient dans la baie de Peel. Et sur ce, il prit la forme de trois jambes et roula comme une roue du sommet de la montagne aussi vite que le vent. C'était presque la marée basse dans le port, et un courant d'eau étincelante coulait vers la mer. Les rives du ruisseau étaient marécageuses, et au bord de la rivière poussaient une quantité de carex aux larges feuilles vertes. Alors Manannan fabriqua un bon nombre de petits bateaux en carex et fit naviguer ses bateaux dans le courant. Et lorsque la petite flotte quitta le port, il les fit ressembler à de grands navires de guerre, bien équipés en hommes de combat. Puis la terreur s'empara des Nordiques lorsqu'ils aperçurent la flotte manxienne, et ils coupèrent leurs câbles, hissèrent les voiles et s'éloignèrent aussi vite qu'ils le purent, et Manannan et son île furent laissés en paix. C'est ainsi qu'il garda Mann, et non avec son épée, ni son arc et ses flèches.

Dans son fort, il avait une grande salle de banquet, où de beaux garçons jouaient de la musique douce, tandis que d'autres jouaient à des jeux et faisaient de grands tours de force. Il avait un cheval appelé Enbarr à la crinière flottante, qui pouvait voyager comme le vent sur la mer comme sur la terre, des chiens rapides capables d'attraper n'importe quelle bête sauvage, et une épée appelée The Answerer, dont la blessure était toujours mortelle, en plus de sa branche magique. et son magnifique bateau, Wave Sweeper.

Il a bien gouverné Mann pendant de très longues années. Les Mannois bénéficiaient du meilleur des bons traitements de sa part, et tout le loyer qu'il voulait était que chacun lui apporte un paquet de joncs verts sur la montagne de South Barrule la veille de la Saint-Jean. L'île était un endroit heureux, plein de soleil et de toutes choses agréables, et personne n'y était vieux, fatigué ou triste.

Les hommes mannois n'ont jamais oublié Manannan, et pendant mille ans, nos pêcheurs lui ont fait la prière suivante, alors qu'ils prenaient la mer. Même jusqu'à l'époque de nos pères, il a été utilisé :

Manannan supplie Mac et Leirr—

Petit Manannan, fils de la mer,

Qui a béni notre île,

Bénis-nous et notre bateau, ça se passe bien.

Arriver meilleur, avec des vivants et des morts dans notre bateau.

- 84 -

LE CORMORANT ET LA CHAUVE-SOURIS

Il fut un temps, dans les temps anciens, où le cormoran et la chauve-souris se concertaient pour faire quelque chose pour les pauvres, car ils avaient de la compassion pour eux, et ils allaient dans les vallons pour ramasser de la laine pour leur confectionner des vêtements. Lorsqu'ils en eurent rassemblé une certaine quantité, ils prirent un bateau et prirent la mer. Il arriva, pendant qu'ils naviguaient, qu'une tempête éclata et que les vagues se brisaient sur le bateau, à tel point que la pauvre chauve-souris dut sauter d'un endroit à l'autre pour échapper à l'eau et, dans l'obscurité, elle fut jetée hors du bateau en s'accrochant. à une rame. Au lever du jour, il était près du rivage et s'envola vers la terre ferme. Une mouette, debout à proximité, demanda :

"Och, petite bat vogh, qu'est-ce qu'il te fait pour que tu sois tous un thriddle de thrimblin comme ça ?" Lorsqu'il entendit l'histoire de la chauve-souris, il dit :

"Aussi sûr que possible, s'il t'arrive, il te prendra la vie." Ils s'étaient promis mutuellement que l'un ne quitterait pas l'autre tant qu'ils n'auraient pas accompli leur tâche.

La chauve-souris était si effrayée qu'elle se cacha dans une vieille ruine jusqu'à ce que la nuit tombe ; et à partir de ce moment-là jusqu'à présent, il ne s'aventurera dehors qu'à couvert de la nuit.

Le cormoran s'est accroché au bateau jusqu'à ce qu'il se remplisse d'eau et coule au fond de la mer. Finalement, il s'envola vers un rocher et y resta assis pendant des heures ensemble, jour après jour, à guetter la chauve-souris. À d'autres moments, il allait passer une saison dans les vallons ; et c'est ainsi qu'ils continuent depuis cette tempête jusqu'à nos jours : l'un se cache et l'autre le cherche.

CAILLAGH-NY-FAASHAGH, OU LE MAGICIEN PROPHÈTE

Autrefois, lorsqu'il y avait des sorciers et des sorcières sur l'île de Mann, le plus grand sorcier de tous était Caillagh-ny-Faashagh. Il ne vivait pas au-dessus du sol, mais dans une carrière, dans un trou sous le rocher, à flanc de montagne solitaire, et c'est pourquoi les gens l'appelaient le Prophète Sorcier du Désert. À la tombée de la nuit, il parcourait les montagnes, et les gens qui s'y promenaient, lorsque la nuit approchait, l'entendaient crier « Hoa, hoa, hoa ! comme le mugissement d'une chèvre, d'une voix si terrible et si forte que la terre et tous ceux qui l'entendaient tremblaient de peur. Il pouvait se transformer en n'importe quelle forme qu'il voulait ; parfois c'était une chèvre avec de grands yeux de feu ; à d'autres moments, c'était un homme très grand. Un jour, alors qu'il était chèvre, il suivit un homme qui marchait le long d'une route de montagne, et cette fois il avait des yeux grands comme deux assiettes. L'homme portait une lanterne et, tandis qu'il la faisait passer d'une main à l'autre, la chèvre la suivait d'un côté à l'autre. L'homme était terrifié et s'est mis à courir. Dès qu'il quitta la route de montagne, la bête rugit après lui : « Hoa, hoa, hoa !

Une autre fois, sous la forme d'un homme grand, très grand, aussi grand que deux hommes, il suivit une femme qui traversait la montagne à Garey Mooar, et il avait de grands, grands yeux brûlants, gros comme deux assiettes, dans ses yeux. tête. La femme courait de toutes ses forces, pour la vie ou la mort, et il courait après elle en hurlant : « Hoa, hoa, hoa ! Mais quand elle descendit de la montagne, il n'alla pas plus loin.

C'était un grand devin, mais il ne prédisait pas ce qui allait arriver à moins que quelqu'un ne le lui demande. Il semble qu'il ait vécu des centaines d'années, car il a prédit une bataille qui aurait lieu en 1098. Il s'agissait de la bataille de Santwat, « Sand Ford », entre le nord et le sud de Manx. Il a dit:

La rivière Neb coulera rouge depuis Glen Crew jusqu'à la mer,

Et les mouettes siroteront leur sang de Manninee.

Tout est devenu réalité. Les hommes du nord ont navigué jusqu'à Peel et ont conduit leurs bateaux à fond plat jusqu'à Glenfaba Ford, où les hommes du sud les ont rencontrés pour les empêcher d'accoster. Ils se sont battus en remontant le ruisseau jusqu'à Glen Crew où il y a eu un grand massacre, et les corps des tués ont endigué le ruisseau et transformé le petit vallon en étang. Les eaux du Neb étaient rougies par le sang des Manx lorsqu'elles se jetaient dans la baie Peel. Les femmes du côté sud avaient suivi les hommes et observaient la bataille d'un peu de distance, mais quand elles virent que les gens du nord gagnaient, elles se précipitèrent et se jetèrent au cœur du combat, à coups de pierres et de haches, et gagnèrent. le jour pour le sud. Et une loi fut promulguée selon laquelle les veuves du sud de l' île recevraient désormais la moitié des biens de leur mari ; mais les femmes du nord, qui restaient à la maison, ne devaient en recevoir qu'un tiers.

Le Prophète Sorcier prédit également la découverte des mines de plomb de Foxdale. Un homme s'approcha de lui et lui demanda :

« Comment vais-je devenir riche, ô Caillagh-ny-Faashagh ?

Et le Magicien répondit :

Il y a un cul à Ballafesson qui vaut tout Balladoole.

Mais les richesses de l'île de Mann se cachent derrière Barrule.

Il confia également cette prophétie au vieux Juan le tisserand, qui lui en demanda une :

Au pied de Barrule il y aura un bourg,

Mullin-y-Cleigh avec du sang pendant vingt-quatre heures va se retourner.

Aujourd'hui, le village de Foxdale se trouve au pied de Barrule, et on dit que dans les temps anciens, une grande bataille entre les Manx et les Irlandais se livra près du ruisseau au-dessus de Mullin-y-Cleigh, le Mill-by-the-Hedge. .

Il a prédit à un homme de Peel :

"Il y aura une bataille entre les Irlandais et les Manx à Creg Malin." Et les vieux pêcheurs disent que cette bataille a eu lieu il y a deux cents ans. C'était un dimanche lorsque les Irlandais sont arrivés dans la baie, et ils n'ont trouvé aucun endroit où échouer leurs bateaux, alors ils ont laissé les bateaux manx à la dérive et ont pensé qu'ils avaient l'endroit pour eux. Mais ils trouvèrent bientôt leurs maîtres. Les hommes Manx se sont lancés à la poursuite de leurs bateaux, et c'est là que la bataille a eu lieu : du sang rouge coulait comme de l'eau ! Et la bataille n'était pas terminée ce jour-là, mais ils se sont battus jusqu'à Douglas et ont finalement terminé à Derby Haven, ainsi que disent les vieux pêcheurs.

Puis il y avait une vieille fille qui avait un cressad (un creuset) et elle allait de maison en maison pour fabriquer des cuillères en plomb. Elle était un peu bizarre ; elle ne fumerait pas de moisissure par une journée ensoleillée, ni par une journée brumeuse, ni par une journée pluvieuse, ni par une journée venteuse ; elle doit avoir une journée pour s'adapter. Elle a rencontré le Caillagh alors qu'il avait la forme d'une chèvre et elle lui a demandé de prédire quand serait la fin du monde. Il a dit cela avant le dernier :

"Les montagnes de Mann seront coupées de routes, et des chevaux de fer galoperont dessus, et il y aura une auberge au sommet du Sneffels."

Tout cela est devenu réalité ; les trains se précipitent sur l'île et, bien sûr, il y a l'auberge au sommet de notre plus haute montagne. Il a dit aussi :

"Mann et l'Écosse seront si proches que deux femmes, l'une à Mann et l'autre en Écosse, pourront tordre une couverture entre elles." Mais cela ne s'est pas encore réalisé, même si la pointe sablonneuse d'Ayre s'étend de plus en plus vers le Mull of Galloway.

Et une autre de ses prophéties ne s'est pas encore réalisée :

« Les principaux dirigeants de Mann seront obligés de fuir. »

Mais tout cela sera avant la fin.

LA VILLE SOUS LA MER

Aujourd'hui, là où Langness plonge son long nez dans la mer, et dans un endroit désormais toujours couvert par les vagues, se trouvait autrefois une belle ville avec de nombreuses tours et dômes dorés. De grands navires partaient de son port pour se rendre dans toutes les régions du monde, et tout autour se trouvaient des terres bien herbeuses peuplées de bovins et de moutons. Même maintenant, les marins l'aperçoivent parfois à travers les eaux claires et profondes et entendent vaguement le bêlement des moutons, les aboiements des chiens et le carillon sourd des cloches : « Nane, jees, trois, kiare, queig. Mais aucun homme ne peut parcourir ses rues.

Il était une fois, à l'époque où il y avait des géants sur l'île de Mann, Finn Mac Cool avait sa maison près de cette ville. Il vivait au Sound pour garder un œil sur Erinn et observer la mer. Mais il était très rarement à Mann, et partout où il se trouvait, il faisait toujours du mal, de sorte que ses ennemis étaient nombreux. Un jour, il était si pressé de rejoindre sa maison qu'il sauta d'Erinn et atterrit sur l'île située sur les rochers au-dessus du Sound. Il descendit avec une telle force qu'il laissa ses empreintes dans la pierre dure, et l'endroit est depuis lors appelé Slieu ynnyd ny Cassyn, ou la Montagne de la place des Pieds. Son premier acte, en arrivant chez lui, fut de se mettre en colère contre les gens de la ville voisine ; son acte suivant fut de les transformer tous en blocs de granit. Dans sa passion, il frappa si fort le sol avec sa massue qu'il y fit une grande entaille : les vagues se précipitèrent dans le creux profond et la mer rugissante noya le vacarme de la ville. Ses tours et ses dômes étaient recouverts d'eau verte ; ses rues et sa place du marché, son port et ses quais bondés disparurent. Et c'est là encore aujourd'hui.

Mais on raconte une étrange histoire d'un homme qui s'y rendit il y a plus de deux cents ans. Un navire cherchait un trésor englouti dans ces parages et cet homme fut descendu au fond de la mer dans une sorte d'ancienne cloche de plongée. Il devait tirer sur la corde s'il souhaitait descendre davantage. Il tira et tira jusqu'à ce que les hommes à bord du navire sachent qu'il était aussi profond dans la mer que la lune est haut dans le ciel ; puis il n'y avait plus de corde et il fallut le remonter. Lorsqu'il fut sur le pont, il leur dit que s'il avait pu aller plus loin, il aurait fait les plus belles découvertes. Ils le supplièrent de leur raconter ce qu'il avait vu, et après avoir bu une coupe de vin, il raconta son histoire.

Il avait d'abord traversé les eaux où vivent les poissons ; puis il entra dans la région claire et paisible où les tempêtes ne surviennent jamais, et vit le fond du monde sous la mer brillant de corail et de galets brillants. Lorsque la cloche de plongée reposa sur le sol, il regarda par ses petites fenêtres et vit de grandes rues décorées de piliers de cristal scintillant comme des diamants et de beaux bâtiments en nacre, avec des coquillages de toutes les couleurs sertis. Il avait envie d'entrer dans une de ces belles maisons, mais il ne pouvait pas quitter son scaphandre, sinon il se serait noyé. Il réussit à le rapprocher de l'entrée d'une grande salle, avec un sol de perles, de rubis et de toutes sortes de pierres précieuses, et avec une table et une chaise en ambre. Les murs étaient en jaspe et des rangs de jolis bijoux y étaient accrochés. L'homme voulut en emporter avec lui, mais il ne put les atteindre : la corde était à bout. Alors qu'il s'élevait à nouveau vers les airs, il rencontra de nombreux beaux tritons et de belles sirènes, mais ils avaient peur de lui et s'enfuirent à la nage aussi vite qu'ils le pouvaient.

C'était la fin de l'histoire de cet homme. Après cela, il devint si triste du désir de retourner dans le monde sous-marin et d'y rester pour toujours, qu'il ne se soucia de rien sur terre et mourut bientôt de chagrin.

UN CHARME ANCIEN CONTRE LES FÉES

Paix de Dieu et paix des hommes,

Paix de Dieu sur Columb-Killey,

Sur chaque fenêtre et chaque porte,

Sur chaque trou laissant passer le clair de lune,

Aux quatre coins de la maison,

Sur le lieu de mon repos,

Et paix de Dieu sur moi.

LA FIN

www.ingramcontent.com/pod-product-compliance
Lightning Source LLC
LaVergne TN
LVHW041732190726
843493LV00007B/2312